# CONOCER Y POTENCIAR LA MENTE

**Por José Fco. González Ramírez**
(autores@correo.cop.es)

***Dedico este libro...***

*A Catalina, a la mejor mente que he conocido*

# CONOCER Y POTENCIAR LA MENTE

**Por José Fco. González Ramírez**
(autores@correo.cop.es)

c/ M, 9 Pol. Ind. Europolis
28230 Las Rozas (Madrid)
Telf.: (+34) 91 637 52 54
Fax: (+34) 91 636 12 56
e-mail: dastinexport@dastin.es
www.dastin.es

ISBN: 84-96249-24-7
Depósito Legal: M-36.844-2003
Impreso en BROSMAC



**Impreso en España - Printed in Spain**

## Nacer en la mente y el espíritu

La psicología tiene ya más de un siglo de historia (1879-2003) como ciencia humana que posee métodos sistemáticos para estudiar los objetivos que se platea. Sin embargo, la palabra psicología tiene una larga tradición filosófica que se remonta a la antigüedad («psyché», que significa psique, es la fuerza que alienta el cuerpo, el alma; y «logia» viene de «logos», que significa estudio). La psicología «es el estudio del alma y sus manifestaciones o actividades»; por tanto, la psicología es la ciencia del psiquismo.

En poco más de un siglo de historia esta psicología, que es científica y que levanta una polvareda de contradicciones, de enfoques diversos, de objetos de estudios de lo más variado, aporta métodos de estudio de lo más variopinto que se pueda imaginar, está contribuyendo a un conocimiento de la naturaleza humana rico y profundo.

Hay muchas críticas, desde el ángulo integrador, que no conciben que al hombre se le pueda estudiar de modo parcial, por campos o parcelas (postura que fue sostenida por el existencialista Sartre), y que también resulta discutible, ya que los propios sistemas integradores pueden, de alguna manera, recoger toda esa experiencia parcial para entenderla dentro del conocimiento global del hombre.

Fui alumno del prestigioso psicólogo José Luis Pinillos, y le recuerdo en una asignatura de cuarto de carrera, llamada de «La personalidad», como si fuera ayer mismo, y me evoca a la memoria una anécdota breve relativa al desarrollo que hizo sobre lo que él creía que era el psicoanálisis dentro de la psicología, y frente a su concepción experimental de la personalidad humana referida a la psicología de «rasgos».

Si no mal interpreto este recuerdo, y en el supuesto de que mantenga, o no, esa misma idea, en una clase se refirió al psicoanálisis no como una ciencia psicológica propiamente sino como una filosofía. Era una crítica, en el sentido de que Pinillos mantenía esa idea sobre el psicoanálisis, porque él creía que con aquella concepción del psiquismo del hombre cualquier fenómeno psicológico podía ser explicado; por eso, el psicoanálisis no era exactamente una ciencia sino una filosofía.

Por entonces (y en la actualidad) la gran mayoría de los psicólogos creían que al hombre hay que estudiarlo en sus aspectos evidentes y entenderlo con una objetividad metódica, pero no porque le interesen los aspectos parciales del ser humano sino porque resulta imposible abordarlo en su totalidad sin caer en una concepción filosófica.

Creo que los enfoques psicológicos diversos que han existido, y existen, merecen el mayor respeto, y cualquiera de ellos estudia al hombre con rendimiento positivo. Lo que no concibo es que al hombre se le pueda entender sin un talante integrador, total, y que cualquier dato parcial debe comprenderse en una integridad que es más que esa parte.

Hoy, como siempre, existen concepciones mecanicistas del hombre, como aquella que cree que cuando a los seres humanos se les conozca toda su biología, los fenómenos psicológicos tendrán tanta luz que la incógnita del hombre se habrá terminado para siempre, y cualquier cosa podrá ser entendida desde la pura funcionalidad bioquímica.

La idea responde al principio de que si conocemos el cerebro en su realidad somática, reconoceremos también a la mente en su totalidad; y conocida la mente, la caja de Pandora estará por fin abierta. Pero esas posturas simplistas, mecanicistas, están por ver.

Con eso, no negamos la enorme importancia que tiene el cerebro, pero creemos que además tenemos un «cerebro social» y un «cerebro mental» que superan esas estructuras de base; algo así como sucede cuando consideramos que el hombre trasciende al animal que lleva dentro de su naturaleza; no digo que sea mejor ni peor, sino que trasciende su propia animalidad.

Podríamos decir que el ser humano posee:

— Un cerebro físico (integrador del cuerpo).

— Un «cerebro» mental (integrador de la psique y el cuerpo).

— Un «cerebro» social (que se hace con otros cerebros y también influye en ellos).

Y quizá exista, en esta línea, otra naturaleza más desconocida, y remota, que parece evidente en las creencias religiosas, y que la fe da certeza de su existencia como una realidad; por tanto, elucubraremos sobre esa posibilidad. Quizá tengamos un «cerebro espiritual», o un espíritu, que para la religión, trasciende a la muerte.

De esta última hipótesis queremos destacar la posibilidad de que el hombre nace a la espiritualidad a través de la experiencia del cerebro, de la mente y su relación social; o sea, que se crea en él un espíritu que nace a través de su cerebro físico, su «cerebro» mental y su «cerebro» social; y así podríamos ver que el ser humano va progresivamente brotando al espíritu, y que ese espíritu constituiría como una especie de cuarta dimensión.

Será muy difícil que muchos de mis colegas puedan admitir este cuarto nivel como objeto de reflexión científica cuando los otros niveles están aún por conocer. Sin embargo, pese a la subjetividad que podría suponer esta reflexión, también de manera racionalista podríamos hablar sobre ella, y no precisamente desde el ángulo de la fe religiosa, quitándole su ámbito de estudio a la teología, ni mucho menos.

Me ha dado mucho que reflexionar el libro de Ken Wilber titulado *Una visión integral de la psicología* en la que hace referencia a la obra

de Gustav Fechner, y cómo Wundt sentía gran respeto por los sistemas de observación experimental de este científico; Ken Wilber leyó también de este autor una obra titulada *Vida después de la muerte* en la cual definía una serie de estadios evolutivos del ser humano realmente curiosos y que en la obra de Wilber lo transcribe así:

* * *

«En el primer estadio de su vida, el hombre vive a solas sumido en la oscuridad; en el segundo, vive junto a sus semejantes —aunque todavía se halla separado de ellos— iluminado por una luz que se refleja en la superficie de las cosas, y sólo durante el tercero entra en contacto con [...] el espíritu universal [...] y se adentra en una vida superior.

En el primer estadio de su vida se desarrolla el cuerpo del ser humano, poniendo a punto los órganos que necesitará en el segundo; en el segundo estadio es su mente la que se desarrolla, preparando los órganos que requerirá en el tercero y sólo en el último desarrolla el germen de lo divino que descansa oculto en el fondo de todo ser humano.

Llamamos al paso del primer estadio al segundo Nacimiento y al del segundo al tercero Muerte. Pero el camino que lleva del segundo al tercer estadio no es más oscuro que el que conduce del primero hasta el segundo, aquél nos ayuda a ver el mundo externamente, éste contribuye a que lo veamos internamente.»

A este escrito antiguo de Fechner comenta Wilber:

«Del cuerpo a la mente y, desde ésta hasta el alma y el espíritu, los tres estadios de la evolución de la conciencia, y es sólo cuando el hombre y la mujer mueren, para tener una sensación de identidad separada, que despiertan al espíritu universal. ¿Cómo era posible, pues, que los textos de psicología no mencionasen siquiera la filosofía de la vida, de la mente, del alma y de la conciencia, que Fechner volvía explícita con tanta claridad? Fue entonces cuando tomé la decisión de escribir una historia de la psicología, simplemente porque "alguien tenía que hacerlo".

Hay que señalar que la noción de inconsciente se difundió por medio de la Philosophy of the Unconscious, de von Hartmann —publicada en 1869, tres años antes de Freud y reeditada ocho veces en los diez años posteriores—, en la que el autor expresaba la filosofía de Schopenhauer, derivada a su vez del misticismo oriental, el budismo y, especialmente, los Upanishadr: bajo la conciencia individual yace una conciencia cósmica, "inconsciente" para la mayor parte de las personas, pero que puede despertar y actualizarse plenamente, y esa toma de conciencia de lo inconsciente es el bien más preciado que puede llegar a experimentar el ser humano.»

* * *

Hoy en día, la psicología del desarrollo y la maduración nos dan una explicación científica de cómo la «psique» nace como una experiencia básica del cuerpo, donde el cerebro, a través de los sentidos y sus procesos interoceptivos, la mente va surgiendo como un laborioso fenómeno entre el mundo exterior y el mundo interior; donde el cuerpo, en su propia evolución, hace posible la existencia de la psique en un grado de complejidad creciente. La mente evoluciona acumulando experiencia, de tal modo, que, a lo mejor, ese cúmulo de experiencia sea el modo en que el espíritu humano nace y se desarrolla como nació y surgió la psique; y que si algo sobreviviera al hombre más allá de la muerte tuviera que ver con un estado especial del cerebro-mente en forma de energía mental o, mejor, espiritual.

Como nuestro tema es la mente, tendremos ocasión de reflexionar, más que demostrar o aseverar, que la vida espiritual (buena-mala-regular) de los hombres, se pone en relación con su propia vida social y con la evolución de su mente, y cómo la experiencia va guiando a la vida por el sendero del cuerpo-mente-sociedad-espíritu.

No hay que descartar, pues, una conexión entre el cuerpo-sociedad-mente-alma-espíritu; las cuatro primeras relaciones están ya demostradas que existen, y la quinta ¿por qué no?

Sigue comentándonos Wilber, en su obra, que Fechner cree que espíritu y materia no se hallan separados. Que igual que la mente no se puede entender sin el cerebro, el espíritu no se puede entender sin la mente, y por tanto espíritu y cuerpo se hallan también unidos, vinculados.

* * *

«Según cierto erudito, Fechner sostenía "que el universo es esencialmente espiritual y que el mundo fenoménico de la física no es más que la manifestación externa de esa realidad espiritual. Los átomos son tan sólo los elementos más simples de una jerarquía espiritual que conduce hasta Dios. Y cada uno de los niveles superiores de esa jerarquía incluye los inferiores, hasta el punto en que Dios engloba la totalidad. La conciencia es un rasgo esencial de todo cuanto existe [...], una evidencia que se manifiesta en su coherencia y conformidad sistemática a la ley que exhiben las totalidades orgánicas. Fechner consideraba a la Tierra, "nuestra madre", como una totalidad orgánica animada.» (Wilber).

* * *

Vamos a comenzar desde el principio, y observar cómo es la naturaleza del cerebro y qué relación guarda con la mente; para unos, considerado como un fenómeno de la misma naturaleza (cerebro = mente) y para otros como dos realidades diferentes mutuamente implicadas que no se pueden entender de modo separado. ¿No existe una mente que habite un cerebro y un espíritu que no se entienda sin la mente?...

No deseamos que alguien pueda entender, bajo ninguna circunstancia, que se trata de un regreso al pasado en las ideas.

Se creía que intelecto —alma— no depende del cuerpo; y por tanto, está por encima de la materia, y esto se ha demostrado erróneo. La psique nace con el cerebro, es parte de su funcionalidad en interacción con toda su realidad corporal, y también de la relación que se establece con el mundo exterior, principalmente en su carácter social. Aunque la mente posee unas virtudes de funcionalidad energéticas que le hacen ser algo tan complejo que resulta difícil, en nuestro estado actual de conocimientos, poder asegurar que la mente sea lo mismo que cerebro; y probablemente, esa hipótesis resulte tan inexacta como la que consideraba que el «alma intelectiva» provenía de fuera. Es posible sospechar que la materia solamente se corresponde con un nivel de la realidad; el otro nivel es el de la conciencia y sus manifestaciones conductuales que no excluye su causalidad en la materia, pero también la trasciende.

Partimos de que la conciencia es
— es inconsciente,
— es consciente,
— tiene una base corporal,
— tiene una base social,
— tiene una base mental,
— tiene una base de psique (alma),
— tiene una base de espíritu (realidad que trasciende la materia).

* * *

«La psicología se ocupa del estudio de la conciencia humana y de sus manifestaciones conductuales. Las funciones de la conciencia son la percepción, el deseo, la voluntad y la acción. Las estructuras de la conciencia —algunas de cuyas facetas son inconscientes— son el cuerpo, la mente, el alma y el espíritu. Los estados de conciencia pueden ser normales (como la vigilia, el sueño y el sueño profundo) o alterados (como los estados meditativos y no ordinarios de conciencia). Las modalidades de la conciencia incluyen la estética, la moral y la científica. El desarrollo de la conciencia abarca un amplio espectro que va de lo prepersonal a lo personal y, desde ahí, hasta lo transpersonal; de lo subconsciente a lo autoconsciente y, desde ahí, hasta lo supraconsciente, del id al ego y, desde ahí, hasta el espíritu. Los aspectos relacionales y conductuales de la conciencia se refieren a su interacción con el mundo objetivo externo y con el entorno sociocultural de los valores y las percepciones compartidas»

## Cerebro-mente

*La mente humana no ha caído del cielo* —comienza escribiendo Pinillos en su legendaria obra *Principios de psicología.* La mente humana no viene de «fuera», se hace a través del tiempo. El milagro se ha realizado con la propia evolución de la materia biológica, que, como una especie de prodigio, llega hasta el límite de ser objeto de su propia reflexión; y el otro gran misterio consiste en que esa mente consciente, e inconsciente, surge de nuevo con cada ser humano que viene a la vida, y nace, y crece, y se desarrolla hasta la muerte. El cerebro es como mínimo su gran generador y como mucho, el cerebro y la mente es lo mismo.

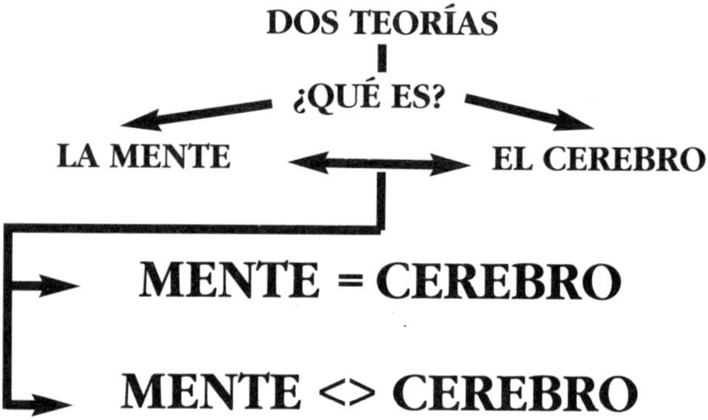
DOS TEORÍAS
¿QUÉ ES?
LA MENTE
EL CEREBRO
MENTE = CEREBRO
MENTE <> CEREBRO

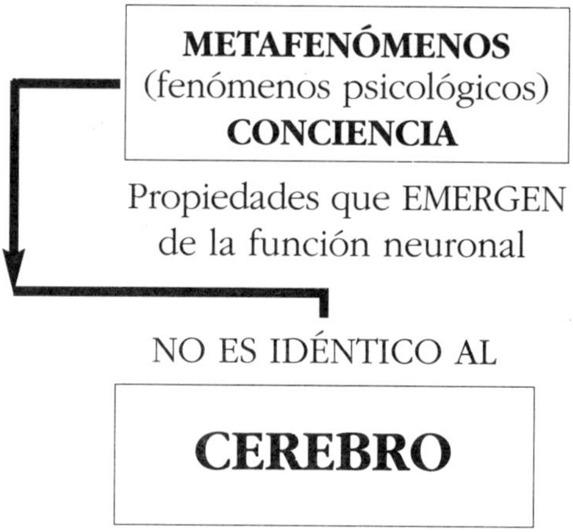
METAFENÓMENOS
(fenómenos psicológicos)
CONCIENCIA
Propiedades que EMERGEN
de la función neuronal
NO ES IDÉNTICO AL
CEREBRO

En la actualidad sobre la dualidad mente y cerebro existen dos posturas (que vamos a denominar como «teorías») que adoptan dos posicionamientos en cuanto a lo que intuyen que puede ser el cerebro con respecto a la mente (o a la inversa).

Una de estas teorías sostiene que la MENTE es igual al CEREBRO y otra que CEREBRO y MENTE son distintos.

Este antagonismo no está resuelto en el ámbito de la neuropsicología, neurología, psiquiatría, psicología, biología, etc..., porque el cerebro sigue siendo «ese gran» desconocido hoy en día, pese a que la información que tenemos sobre este órgano es muy grande, y que en las últimas décadas han provocado el desarrollo de una investigación en todos los campos como nunca antes ha existido. Por eso estas dos hipótesis pueden coexistir por las lagunas de información objetivas que tenemos sobre lo que es el cerebro exactamente.

Pese a todas estas contradicciones, tanto si el científico que investiga adopta un postulado como otro, los descubrimientos sobre el cerebro son espectaculares y la verdad será sencillamente, a la postre, solamente una, aunque para esto queda aún mucho por investigar, ya que los auténticos descubrimientos están aún por llegar. O el cerebro es igual a la mente; o la mente, será distinta al cerebro... (?).

Nuestra postura, necesariamente, debe adoptar, por principio, que la mente es distinta al cerebro porque es un requerimiento a otros postulados sobre lo que es el hombre en su realidad tanto social como espiritual.

Que la mente y el cerebro sean iguales o distintos necesariamente tiene que tener ámbitos de entendimientos muy dispares. Que digamos que la mente es distinta al cerebro no significa que mente y cerebro se consideren dos realidades separadas que nada tienen que ver la una con la otra, en absoluto; lo que sí quiere decir es que la mente no es idéntica al cerebro, lo que resulta realmente distinto a considerar a la mente y el cerebro como dos realidades separadas.

Así que nada tiene que ver esto con una postura moralista clásica en la que se hablaba de una dualidad absolutamente de naturaleza distinta, llegando al concepto de que el alma era insertada en el feto humano de una manera hoy difícil de concebir. Sin embargo, hay una intención profunda en la idea de que la mente tiene un ámbito de existencia que no se puede identificar exactamente con el cerebro.

La propia teoría de la evolución del hombre marca unas posibilidades fascinantes para el ámbito que estamos considerando con respecto a la mente y el cerebro, y que puede llevarnos a intuir un concepto de alma, y quizá de espíritu, en dimensiones concebibles para el mundo de la lógica racional.

Lo que se trata de dilucidar es que los metafenómenos (o fenómenos psicológicos), donde la conciencia es un ámbito fundamental de la mente —que tiene «propiedades emergentes» de las funciones neuronales—, no se puede extrapolar considerando que es igual al cerebro.

Hay quien sí asegura que llegará un momento que los metafenómenos y la conciencia —una vez se conozcan todas las funciones neuronales— confirmarán que es idéntico al cerebro.

En estos discursos se encuentran en la actualidad todas las disciplinas que tienen por objeto estudiar al cerebro humano.

* * *

«La diferenciación progresiva de la vida parece haberse llevado a cabo con arreglo a unas leyes evolutivas generales, sin cuya consideración la génesis de la mente resulta incomprensible.» (J. P.).

* * *

De lo que se trata es de dilucidar y sentar las bases de cómo los fenómenos psíquicos (metafenómenos) y los procesos cerebrales se relacionan entre sí y se coordinan. Esta postura sostiene que no podemos considerar a la mente identificada con el cerebro, en cuyo caso contrario admitiría la idea existente entre muchos neurobiólogos de que millones de neuronas en actividad —cerebro— producen los fenómenos psíquicos. Y por ahora esto sigue siendo «la madre del cordero»...

Fue Freud quien aseguró, de una manera intuitiva, que una vez se conociesen a fondo cómo acontecen todos los procesos cerebrales a nivel biológico, los fenómenos psíquicos podrían ser entendidos en su totalidad. Pero esto no es contradictorio con la idea de que la mente sea algo que emerja de los procesos cerebrales, ni mucho menos; se trata de ver que la mente surge para diferenciarse de una identidad total con el cerebro, y crecer y desarrollarse en otros ámbitos distintos a los puramente bioquímicos y eléctricos; y que efectivamente, para poder sobrevivir, necesariamente precisa de ellos (en otro caso sobreviene la muerte).

Estamos en el centro del debate científico actual cuando nos planteamos la cuestión: ¿dónde residen las capacidades de la mente (la inteligencia, la memoria, la voluntad) en el cerebro y van emergiendo otras cuestiones (dónde, por qué, en qué...). Los especialistas en neurología se quejan de que no tienen una teoría global que pueda relacionar la mente con el cerebro de una forma satisfactoria, pese a que del cerebro se tienen muy avanzados los conocimientos en base a la fisiología y en cuanto a los procesos moleculares.

Donde existe una laguna casi total es en conocer las pautas de funcionamiento del cerebro, y es aquí donde hoy en día existe un vasto territorio inexplorado donde el cerebro es un gran desconocido pese a la mucha información que se tiene sobre él.

* * *

**TEORÍA: CEREBRO <> MENTE**

METAFENÓMENOS (fenómenos psíquicos)

PROCESOS CEREBRALES

→ Existe RELACIÓN

→ Existe COORDINACIÓN

→ **NO SON IDÉNTICOS**

CEREBRO = MENTE = Millones de neuronas en actividad

**TEORÍA: CEREBRO = MENTE**

**LA CONDUCTA**

Surge de una INTERACCIÓN NEURONAL

No se explica de modo total por el SISTEMA MOLECULAR (procesos físicos del cerebro)

Necesita ser DESCRITA en un sistema diferente

«En suma, hasta llegar al hombre, la vida ha tenido que construir laboriosamente una gigantesca pirámide de especies. Pero una pirámide no es una escalera de la que se pueda prescindir después de haber subido. La psicología no debe olvidar que la mente humana procede de un psiquismo animal.» (J. P.).

* * *

Tal como el hombre no puede ser reducido a la animalidad de la que procede, tampoco la mente puede ser reducida a los procesos del cerebro de donde nace. Así que la «subjetividad personal» que no puede ser hoy por hoy explicada por la neurología, que entiende solamente ahora mismo de procesos cerebrales, quizá sea posible desde el propio funcionamiento de la mente (que no quiere decir que no use los procesos moleculares como cualquier función puramente cerebral). Esta «subjetividad personal» es posible que nazca y se desarrolle desde los fenómenos de la mente misma.

Podemos denominar ámbito de la «subjetividad personal» a las experiencias sensitivas; por ejemplo, vemos algo —experiencia sensitiva— y

¿Dónde residen las capacidades de la MENTE?

INTELIGENCIA
MEMORIA
VOLUNTAD

¿Dónde están?

¿Por qué se producen?

¿En qué lugares?

**CEREBRO**

¿Qué se conoce del CEREBRO?

Las bases de su fisiología

Algunas pautas de funcionamiento

El cerebro es un gran DESCONOCIDO pese a la mucha información que se tiene sobre él.

No existe una TEORÍA GLOBAL

aunque se conoce muy a fondo la mecánica de los ojos y sus proyecciones en el cerebro, resulta hoy en día muy dificultoso explicar cómo es posible que suceda el recuerdo de esa experiencia pasada (no se puede explicar cómo sucede en el cerebro la evocación de ese recuerdo y todo lo que conlleva recordar algo en términos emotivos, afectivos, de asociación con otros pensamientos, ideas, experiencias, etc...).

Ésa es la dificultad y el enorme desconocimiento que existe hoy en día entre la dualidad mutuamente relacionada entre el cerebro y la mente. Es tan gigantesco el desconocimiento al respecto, que la hipótesis se abre hacia todos los lados. Una postura antagónica a la idea de que la génesis total de la mente se produzca a partir del cerebro, es la que sostiene que el cerebro también se hace a partir de la mente. Hoy se habla de un cerebro social...

Estos dos enfoques son realmente apasionantes, y las síntesis de las dos posturas probablemente nos conduzcan a un conocimiento más amplio de lo que somos realmente.

Todo el que conozca al fisioterapeuta Doman (Filadelfia) sabe que este americano estudió a lo largo del siglo pasado, y trató, a niños con lesiones cerebrales, e investigó los efectos que producían la estimulación temprana de los niños cerebralmente lesionados, y pudo comprobar que éstos mejoraban si se les presentaba un plan de estimulación integral (auditivo, visual, táctil, cinético, etc...) con una programación muy rigurosa y sistemática de esos estímulos, y esto provocaba una mejora en los niños. Su método de estimulación, sensorial y perceptivo, lo generalizó al mundo infantil (entre los cero y los seis años), en general, y comprobó que los metafenómenos psicológicos, como el de la inteligencia, se potenciaban de una manera increíble.

Doman concebía que esto era posible porque el cerebro del niño entre los cero y los seis años, desde el punto de vista estructural y de sus funciones básicas, estaba aún muy abierto y flexible; así que, al estimular sensorial y perceptivamente al niño, lo que tenía lugar era un influjo sobre el cerebro para que, entre otras cosas, se conexionara el mayor número posible de neuronas; esto, creía este autor, que desarrollaba el potencial de la inteligencia del niño en unos grados increíbles, y en muchos casos así se demostraba. Doman también postulaba que el cerebro estaba muy abierto a esas influencias hasta los seis años, y más allá creía que éste se cerraba, y esa influencia tan directa sobre la mente resultaba mucho más dificultosa si no imposible.

Esta experiencia terapéutica es apasionante precisamente para observar cómo los metafenómenos psicológicos y el cerebro se influyen recíprocamente. La mente se ve favorecida por la estimulación externa y el cerebro en sus procesos básicos (conectividad entre las neuronas), también.

Hoy se puede imaginar que el cerebro es cambiante y los metafenómenos psicológicos también. La hipótesis tradicional herencia-medio en su interrelación, e influencia mutua, está servida.

La experiencia de estimulación del cerebro en los procesos terapéuticos con niños lesionados cerebralmente produce hoy en día resultados sorprendentes, y demuestra, en los casos donde el impacto sensorial y perceptivo es muy fuerte —estimulación de niños con delfines y ballenas, por ejemplo—, consecuencias extraordinarias en la forma de reorganizar el cerebro.

Hay un cerebro que probablemente esté haciéndose continuamente (incluso cambiando de alguna manera en su estructura, funciones y procesos moleculares) en algún grado, por efecto de la mente, y de todos los procesos sociales y ambientales.

El cerebro es un órgano vivo que, probablemente, en su flexibilidad, se pone en función de la mente y de todo el ámbito social y ambiental que le rodea. Es posible que la reorganización del cerebro se lleve continuamente a cabo en base a las necesidades de la mente. Así también cuando el cerebro se ve afectado en sus procesos y estructura obliga a la mente a reorganizarse globalmente.

Esto es lo que observaba Doman con los niños entre los cero y seis años, la posibilidad de potenciar la mente en su mayor grado a través de crear las condiciones óptimas para que el cerebro se estructure (mediante el potencial conectivo) en base a una estimulación, de la manera más efectiva posible, para aprovechar todo su potencial. Por otro lado, la involución del cerebro, con la edad, se refleja en una reorganización de los metafenómenos psicológicos, lo cual, nos sugiere también muchas hipótesis de cómo funcionamos a nivel mental y cerebral.

Aun con todos estos planteamientos no existe una teoría global que pueda explicar la «subjetividad personal» (fenómenos mentales) en base al conocimiento que tenemos actualmente de

La INCÓGNITA está en saber qué es la

LA SUBJETIVIDAD PERSONAL

¿Cómo suceden los fenómenos mentales?

Aún cuando se conozcan los

PROCESOS MOLECULARES

Se desconoce

La forma en que esos fenómenos se desarrollan

VEO ALGO (Experiencia) → LO RECUERDO

¿Cómo ha sucedido este RECUERDO en el CEREBRO?

los procesos que acontecen en el cerebro. No sabemos cómo los fenómenos mentales se desarrollan ahí.

Comienza a considerarse, seriamente, que no podemos entender la naturaleza de la mente tratando de desentrañarla únicamente desde el cerebro, necesitamos un enfoque más amplio y multidisciplinar, que recoja todo el conocimiento humano desde muchos puntos de vista. No podemos, probablemente, entender la mente humana y el cerebro como si —y valga la metáfora— fuera un televisor, y que el técnico en electrónica pudiera dar explicación de los contenidos que ahí se desarrollan en base a resistencias, circuitos, impedancias, etc., etc... Esto es muy burdo decirlo así comparativamente, pero es muy visual.

¿De qué forma los fenómenos psicológicos se desarrollan? ¿Cómo puedo amar y entender este sentimiento? ¿Todo se reducirá a procesos moleculares y fisiológicos? En la actualidad los que están dedicados a las cuestiones de desentrañar el funcionamiento cerebral se hallan perdidos en este nivel. Aún no existe explicación posible...

## El origen del cerebro y su evolución

«No es necesario hacer resaltar la relevancia que la actividad nerviosa superior posee respecto del psiquismo, con el que en buena medida se identifica. Pero es el caso que, igual que ocurre con la mente, tampoco el sistema nervioso ha venido "de fuera". De hecho, la existencia de organismos elementales capaces de conducirse de algún modo comienza a detectarse unos 1.500 millones de años antes de la aparición del hombre, más o menos, y es necesario de decir que en el Precábrico inferior no había aún nada que pudiera considerarse como sistema nervioso.» (J. P.).

* * *

Sin meternos en muchos detalles sobre cómo estas cosas pudieron suceder en el pasado, la evolución del cerebro, en alguna medida, está escrita en el propio cerebro. Es decir, desde el punto de vista anatómico se ven las huellas evolutivas del pasado.

En el cerebro se han ido superponiendo capas de tejido orgánico cada vez más complejas a partir de un centro primitivo, originario de un sistema nervioso que también a su vez había evolucionado desde los Celentéros como la Hidra, etc., en un proceso de complejidad creciente, y fue evolucionando en una anatomía cerebral que ha permitido el diseño de nuestro cerebro humano actual.

Aún queda en todos nosotros la estructura básica más antigua de un cerebro original, muy antiguo, y que nos recuerda en realidad de dónde procedemos y lo que fuimos un día, a lo cual no podemos renunciar e igual que tampoco podemos decir que ahora seamos aquello que fuimos. Ese cerebro antiguo es el tallo encefálico (o cerebro reptiliano).

* * *

«Los peces, los anfibios, los reptiles y los mamíferos contribuyeron lentamente, cada

**EVOLUCIÓN DEL CEREBRO**

SUPERPOSICIÓN

DE CAPAS DE TEJIDOS CADA VEZ MÁS COMPLEJOS

LA PARTE MÁS ANTIGUA DEL CEREBRO

**TALLO ENCEFÁLICO**
(Cerebro reptiliano)

Regula funciones BÁSICAS Y VITALES

Procesos automáticos, como la respiración y el metabolismo

Disparador de dispositivos básicos para supervivencia

No piensa ni aprende y responde inconscientemente a señales primarias (p. e. sensación y ataque) uno a su modo, a configurar el tipo de cerebro que distingue a nuestra especie.» (J. P.).

* * *

Los vertebrados cobraron un gran protagonismo con su cerebro en el proceso evolutivo de la tele-enfalización y su rastro permanece hoy en día, ¿y ese cerebro ha perdido algunas de las cualidades y funcionalidades que tuvieron en el pasado? En cuanto a los procesos vitales, ya por entonces, se produjo un diseñó funcional que hoy sigue siendo tan válido como entonces. Lo que habría que plantearse es si aún quedan en nosotros rasgos «mentales», psíquicos, o impulsos, tan primitivos hoy como ayer.

Nuestro cerebro reptiliano aún conserva, a niveles del inconsciente, un psiquismo primigenio en su forma de reaccionar (sensación-reacción) que, por supuesto, está modulado por el resto del cerebro. Pero la simiente de la instintividad, de la emotividad más primigenia, puede quedar en nosotros como nos ha quedado el tallo encefálico, una estructura que forma parte de nuestro cerebro actual superpuesto a otras estructuras más complejas. ¿No

somos animales en muchas de nuestras reacciones más primarias?

Fue Jung quien sugirió la idea de que exista en nosotros un inconsciente colectivo como un depósito de fantasmas, y de impulsos, que evocan la memoria de los tiempos; una memoria que está en nosotros y que tiene su energía y su fuerza, y quizá tenga mucha más fuerza de lo que nuestra mente racional pueda imaginar.

La Naturaleza no olvida, es sabia, y se dirige a su objetivo, irremediablemente. La parte más antigua de nuestro cerebro (tallo encefálico o cerebro reptiliano) regula muchas funciones básicas y vitales. Es un cerebro que funciona sin descanso, sin tregua, y cuando deja de funcionar es signo de muerte. Se encarga de regular los procesos automáticos, como la respiración y el metabolismo, y es como un resorte que pone en funcionamiento las reacciones más básicas para la supervivencia. «No piensa ni aprende y responde inconscientemente a las señales primarias (de sensación y ataque)».

El hombre no se encuentra dominado por esos impulsos primarios de supervivencia como puede suceder en un animal, porque tiene otras posibilidades mentales de modulación, pero cuando esos mecanismos fallan, o se vuelven patológicos, la fuerza de los impulsos es, en los seres humanos, tremendamente «fuerte», primitivo y horrible. La dulce naturaleza humana esconde muchos misterios y muchas oscuridades. Esos misterios y esas oscuridades están en la mente, aunque fuera de la conciencia. Toda la mente, y todo el cerebro, no es precisamente conciencia; y es mayor el territorio de la inconsciencia que el de la conciencia, así como sus leyes son diferentes.

* * *

> «La parte inferior, medular, de nuestro sistema nervioso se parece no obstante a la de los vertebrados primitivos, pero no así su tramo superior (cerebral), que en ellos debió limitarse a tres protuberancias o engrosamientos menores, correspondiente a lo que luego sería el cerebro anterior, el medio y el posterior. Del cerebro anterior surgieron los hemisferios cerebrales y el diencéfalo; del cerebro medio, los pedúnculos cerebrales, y del posterior, el cerebelo y el tronco cerebral. El sentido del olfato se desarrolló en íntima asociación con el cerebro anterior, así como la vista, y el del equilibrio y las vibraciones

con el posterior. En suma, esas tres estructuras del tronco cerebral de los cordados primitivos constituyen la base de donde arrancan los ulteriores desarrollos cerebrales, bien por mero incremento de tamaño, bien por adición de complejidades estructurales, o por ambas cosas.» (J. P.).

* * *

La idea de que pervive en nosotros un cerebro reptiliano procede de la teoría de MacLean, que postulaba que, en nosotros, aún éste logra alterar la jerarquía funcional del cerebro y es capaz de dirigir de alguna forma nuestra conducta. Al tallo encefálico, o cerebro reptiliano, es un paleocerebro o cerebro instintivo. Está claro que en circunstancias especiales de descontrol emocional, o instintivo, esta estructura puede funcionar de modo salvaje; y en circunstancias de funcionamiento controlado su fuerza está ahí obrando en nuestra mente.

Se admite que nuestro cerebro más interno y más primitivo ejerce un importante influjo en la conducta humana. Ahora bien, ese influjo, repetimos, se halla moderado, ya que el tallo encefálico ha pasado a depender funcionalmente

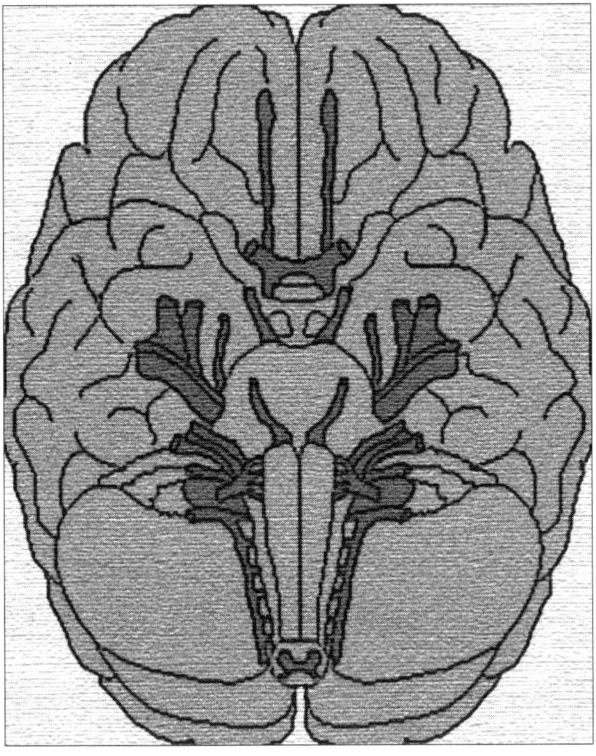

**VISTA INFERIOR DEL CEREBRO, DONDE SE OBSERVA EL TRONCO DEL ENCÉFALO**

de otras estructuras de tal modo que, la dirección de la conducta no es ya responsabilidad suya, como en el pasado remoto. Sin embargo, este paleocerebro envía hacia arriba su propio impulso, y las estructuras más reciente «siente» esa «perturbación», ese «impulso» primario, o esa tendencia, que debe «encajar» dentro del funcionamiento del cerebro y la mente, pero no de forma independiente.

En el cerebro:

— Las funciones más elevadas son las últimas que se desarrollan.

— Las funciones más elevadas son las primeras que se perturban o destruyen.

— Si el cerebro se ve afectado, la dirección de la conducta es asumida por niveles más primitivos, de mayor solidez, que permanecen intactos cuando los superiores se deterioran.

— En el cerebro gravita todo el peso de la evolución, pero en un sentido integrador, y su importancia no es ya la que tuvo originariamente y el cerebro así va produciendo una síntesis entre lo que admite y niega de su propio pasado, que nos hace ser lo que ahora somos, y no otra cosa.

Con el paso del tiempo, fueron los mamíferos los que acumularon mayor progreso en el proceso de encefalización creciente y de ellos, de nuestros más primitivos antecesores mamíferos, mantenemos también hoy estructuras que están integradas en nuestro cerebro actual.

Hay dos estructuras básicas que aparecen con los mamíferos: la corteza cerebral y el sistema líbico (formados por el tálamo, hipotálamo, hipocampo, amígdala, cuerpo calloso, septum y mesencéfalo. Estas estructuras están integradas en sistemas que controlan múltiples facetas del comportamiento, incluyendo las emociones, en situaciones de crisis, la memoria y los recuerdos).

Y en relación a ella aparecen dos funciones muy importantes: la capacidad de aprendizaje y la memoria.

Esto significa para la supervivencia que una experiencia determinada, por sus resultados, se recuerda y evoca, y se asocia así la capacidad básica del aprendizaje. Esto revolucionó la capacidad de adaptación al medio, y fue un gran progreso dentro de la evolución y la complejidad creciente de la vida.

Pero con el sistema límbico entró en funcionamiento el mundo de las emociones. En estas zonas aparecen localizadas las emociones básicas, como el miedo, el placer, la rabia, la ira... Aspecto que opera en nosotros también modulando nuestra vida mental.

El sistema líbico se encarga también hoy en día de que a nuestra corteza cerebral lleguen sus propios temores arcaicos, produciéndonos gran inseguridad, y que a otros niveles logramos tranquilizarlo, aunque la mayoría de las veces con un resultado incierto.

* * *

«En los estudios básicos sobre las llamadas "teorías" de la emoción, observamos a menudo que no logran diferenciar entre la descripción de las experiencias subjetivas y del síndrome conductual. Hace muchos años William James y C. G. Lange propusieron la teoría de que la experiencia emocional sería el resultado de las sensaciones producidas por las respuestas del músculo esquelético y las autónomas, que tienen lugar durante la conducta emocional. Como señaló el mismo James: "Cuando nos encontramos con un oso en el bosque y comenzamos a correr, estamos asustados precisamente porque corre-

# MAMÍFEROS

Evolucionan desarrollando DOS ESTRUCTURAS

LA CORTEZA CEREBRAL
SISTEMA LÍMBICO

Desarrollan DOS FUNCIONES

APRENDIZAJE
MEMORIA

EXPERIENCIA RECUERDO SUPERVIVENCIA
(experiencias de aprendizaje)

**SISTEMA LÍMBICO**

**EMOCIONES**

(Influye en esta zona)

(MIEDOS, PLACER, RABIA...)

mos; no es que corramos porque estemos asustados." Un punto de vista diferente fue el desarrollado más tarde por Cannon y sus colaboradores, quienes demostraron que el gato podía exhibir todavía una conducta emocional como el erizamiento del pelo y los maullidos, después de que todas las aferencias de retroalimentación provenientes de las respuestas autónomas del cuerpo eran eliminadas por completo. Cannon concluyó que la retroalimentación sensorial autónoma no era necesaria para la integración de la conducta emocional. En realidad, estas dos teorías no se contradicen en absoluto. Vemos que una de ellas está relacionada con la experiencia emocional y la otra con la conducta emocional. Posteriormente disminuyó la tendencia de llevar a cabo intentos que caracterizaran y estudiaran los síndromes emocionales globales, como el miedo, la furia, etcétera. En lugar de ello se han tratado de definir operacionalmente fragmentos de la conducta "emocional" (como son los cambios en la frecuencia cardiaca, la cantidad de defecación, la amplitud de las respuestas de sobresalto o la intensidad de la agresión) y esto se hace en relación con un estímulo particular

o una situación de entrenamiento, analizándose con bastante detalle todas las variables importantes conductuales y fisiológicas. La motivación es, desde muchos puntos de vista, un concepto todavía más vago que el de emoción.» (R. F. Thompson).

* * *

Es la aparición del córtex en los mamíferos, y el mismo desarrollo que experimentó ésta posteriormente, el cerebro se expansionó de manera notable. El arquicórtex tuvo la necesidad de integrar más información procedente de todos los sentidos al no poder asumir el tálamo todas las funciones de la actividad sensorial, y marcó la dirección de la evolución del cerebro, apareciendo también el neocórtex como una expansión extraordinaria de la zona intermedia entre el paleo y el arquicórtex (el arquicórtex dio origen al hipocampo, asociado a la memoria inmediata), que creció envolviéndolos, situando a esta estructura dentro del encéfalo, y así se generó el neocórtex, que constituye un hito dentro de la evolución del cerebro.

La aparición de la corteza cerebral tuvo unas repercusiones extraordinarias en los mamíferos debido a su novedad. El tálamo relegaba muchas funciones en la corteza cerebral, desarrollándose a través del establecimiento de múltiples conexiones talámico-corticales...

En paso siguiente, importante, en el desarrollo del cerebro se centra en los primates. Los estudios indican aquí que entre el hombre y sus hermanos primates, en cuanto a las estructuras del cerebro, no notamos nada que sea realmente extraordinario. Ambos tienen tallo encefálico, sistema límbico y corteza cerebral. En cuanto a nivel celular y molecular, las células son las mismas.

El planteamiento que se hace, pues, es: ¿qué justifica las diferencias en las capacidades y las conductas de los primates y el hombre?

La observación indica que esta cuestión no puede ser abordada como un asunto de rango anatómico, y quizá tenga más que ver con el tema de las conexiones neuronales. Si las reducimos a ellas, estamos en la línea de creer que el cerebro es lo mismo que la mente. En ese caso, entre los primates y el hombre lo que existe es una simple cuestión de conexiones entre las células nerviosas; otro postulado abría las posibilidades hacia otros ámbitos y circunstancias que más adelante abordaremos consi-

¿Qué diferencias FISIOLÓGICAS EXISTEN
entre los PRIMATES Y EL HOMBRE
que justifiquen las diferencias en
CAPACIDADES Y CONDUCTAS ?

NADA ESPECIAL

Ambos poseen

— TALLO ENCEFÁLICO
— SISTEMA LÍMBICO
— CORTEZA CEREBRAL

En términos celulares y moleculares son las mismas CÉLULAS

LA DIFERENCIA
NO ES DE RANGO ANATÓMICO

**SÍ LO ES**

DE CONEXIONES NEURONALES

derando que la mente y cerebro no se pueden identificar como iguales.

En este punto podemos ir elucubrando sobre múltiples hipótesis. Hay quien cree (cerebro = mente) que esa diferencia está en el desarrollo de la corteza, y puede reducirse a una cuestión cuantitativa de neuronas (el hombre tiene más neuronas que sus hermanos los primates y además establece más conexiones, conexiones distintas).

Se ha comprobado que el neocórtex humano representa el 76% de su cerebro, mientras que en los chimpancés es el 72%. La cuestión que se debate es si ese 4% de diferencia puede marcar también esas diferencias que existen entre el hombre (a nivel de las capacidades y de la conducta) y sus hermanos los primates más próximos.

¿Ese 4% representa que el chimpancé cree en su cerebro imágenes mientras que el hombre además transforma esas imágenes en símbolos y conceptos? ¿O que tenga más capacidad de reflexión y aprendizaje y pueda abordar la realidad desde un ángulo adaptativo más amplio? y aremás otras muchas cuestiones...

Verlo todo desde el punto de vista de un «4%» resulta muy simplista, aunque es un dato revelador y altamente significativo que deberemos en el futuro saber explicar adecuadamente.

* * *

«En resumen, las transformaciones conductuales ocurridas durante la hominización se realizaron también en correspondencia con cambios acontecidos en la estructura y tamaño del cerebro. Siguiendo la línea de los mamíferos, disminuyó al máximo la prefijación hereditaria de conductas instintivas y se incrementó la capacidad de aprendizaje, al mismo tiempo que el neocórtex experimentaba una verdadera explosión cuantitativa, y el esqueleto, la postura de marcha, la estructura de la mano y de las cuerdas vocales alcanzaban su forma actual. La aparición del lenguaje, el desarrollo de un organización social y la adición de una conciencia refleja a la directa de los animales superiores, remataron el proceso de hominización a la vez que abrieron el camino humanizador de la historia.

Es, por descontado, imposible saber con certeza el modo exacto en que ocurrió todo esto, y no tiene tampoco mucho sentido desglosar unos factores de otros. Ateniéndonos, pues, en la medida de lo posible a la perspectiva filogenética mantenida en este capítulo, concluiríamos que la aparición de una conciencia humana presente así mismo en el lenguaje representó el término de la expansión neocortical, esto es, del crecimiento de esas neuronas libres o "extra" y de sus conexiones axondendríticas, que tan singularmente se expansionaron en el último momento de la evolución.» (J. P.).

* * *

Si un primate simio siente ira, es fácil que en su conducta se deje llevar por la ira; una diferencia cualitativa entre el cerebro humano y el de un primate simio es que el hombre puede tomar conciencia de su ira, pensar y reflexionar sobre su ira. Eso es un hecho extraordinario dentro del orden establecido por la Naturaleza. El hombre puede modificar la conducta que dirige la ira, y lo puede hacer porque se da cuenta de ello. Puede modificar su propio comportamiento, su propia realidad mental, a través de la toma de conciencia. Tener conciencia de las cosas es algo extraordinario.

**HIPÓTESIS**

¿POR QUÉ ESA DIFERENCIA
ENTRE PRIMATES Y EL HOMBRE?

ESTÁ EN EL DESARROLLO DE LA CORTEZA

Es una cuestión cuantitativa

EL HOMBRE TIENE MÁS NEURONAS

MÁS CORTEZA
(neocortex)

MÁS CONEXIONES
NEURONALES

76% el cerebro humano

72% el del chimpancé

4% ¿Ésa es la diferencia?

Más reflexión
Más aprendizaje

CHIMPANCÉS

Imágenes mentales

HOMBRE

crea

Imágenes mentales

CREA SÍMBOLOS

CREA CONCEPTOS

Observa la realidad
desde un punto más
amplio

(proceso de abstracción)

Pero no solamente eso es extraordinario en el hombre, sino que, además de darse cuenta de su ira y poderla modificar en otros contextos de experiencias parecidas donde aparecieron esas emociones, el hombre es capaz de transmitir esas experiencias a otros hombres; es decir, que el cerebro humano toma conciencia y además puede transmitírsela a otro cerebro humano. O sea que es capaz de transmitir sus propios aprendizajes y los otros cerebros son permeables a ese influjo. Esto es lo que significa salirse de la naturaleza e inventar otra forma de existir, y eso se denomina cultura. El cerebro supera así el límite biológico.

El hombre se mueve con una memoria individual, y es capaz de recordar también para aprender de toda experiencia humana pasada y presente en una memoria social y cultural, que ya le resulta imprescindible para vivir su vida humana.

Estos hechos son extraordinarios, y el cerebro logra salirse fuera de sí mismo, expandirse externamente de tal modo que el cerebro humano es ya «sociogenético».

El niño cuando nace necesita fundamentalmente desarrollar su cerebro individual a través de sus experiencias vividas y con su relación

SIMIOS

SIENTE IRA → Se deja llevar por la ira

HUMANOS Es capaz de reflexionar sobre la IRA

Puede MODIFICAR la CONDUCTA por reflexión

LA EXPERIENCIA SE PUEDE TRANSMITIR

A OTROS HUMANOS

CULTURA: Se transmita APRENDIZAJES

EL CEREBRO ES PERMEABLE AL MEDIO

SE SUPERA ASÍ EL LÍMITE BIOLÓGICO

MEMORIA INDIVIDUAL MEMORIA SOCIAL

**NIÑOS**

El cerebro se modela con las
EXPERIENCIAS VIVIDAS y con la
INFORMACIÓN DEL MUNDO EXTERIOR

social y estimulación del mundo externo. Su cerebro es un cerebro «sociogenético» y mental; su propio cerebro genético se diseña en función de esa perspectiva social y mental (metafenómenos psicológicos).

El cerebro no es una «tabla rasa», o una página en blanco, que, cuando venimos al mundo, esté abierta a todo influjo desde una perspectiva «cero». Eso es imposible, desde todos los ángulos que se mire, en cuanto advertimos que la evolución del cerebro, como órgano, tiene una memoria genética, lo que le da un cierto determinismo y un potencial ya innato. Todo el mundo anda ya de acuerdo en esto, y nadie se plantea la exclusividad y el debate, ya histórico, entre ambiente o herencia, lo que es heredado y lo que nos viene del medio. Ahora estamos en una posición científica de síntesis, y aunque el cerebro sea un órgano físico, también, y sobre todo al cerebro, afecta en su comprensión ese enfoque de síntesis.

No cabe duda que cuando el niño aprende a hablar, a andar, cuando aprende matemáticas, a leer o escribir, existe un potencial biológico, que aunque no se sabe determinar muy bien en qué consiste, existe por un sentido de lógica aplastante, y favorece o perjudica la capacidad de aprender.

Cuando observamos a los niños en el control enurético —control de la orina y las heces—, por ejemplo, éste es capaz de aprender a controlar sus esfínteres cuando su sistema nervioso está suficientemente maduro y desarrollado para ello, y si es así se puede aprender a controlar, y automatizar, los músculos que intervienen en este complejo proceso biológico, a voluntad, para retener y soltar las heces u orina. Es un aprendizaje que necesita un sistema nervioso genético evolucionado, convenientemente desarrollado, y también que el influjo del medio le favorezca para poder realizarlo. Siguiendo este ejemplo, vemos que el sistema nervioso no está ya terminado, pues los niños con menos de un año, y la mayoría apunta a poder hacerlo hacia los dos años, aunque sus padres se empeñen en ello, no pueden hacer que sus hijos ejerzan ese aprendizaje, por otro lado, increíblemente complejo en todas sus vertientes.

Intermedia el ambiente y se posibilitan los aprendices por un cierto potencial genéticamente heredado. Todos los modelos que intentan realizar una comprensión del cerebro y la mente, hoy en día tratan de tener en cuenta esta evidencia, esta síntesis.

Hay quien ve al cerebro como un ordenador: la parte determinista del sistema, de tipo genético lo constituye el hardware, y ese «cerebro-ordenador» físico lo tenemos todos de igual forma, y lo otro que tiene el sistema depende de los programas, que es lo que llena y hace funcionar al ordenador; en este modelo de referencia los programas lo constituyen las emociones, la memoria, los pensamientos, las percepciones, etc., que no tienen una determinación genética tan firme como el ordenador como hardware. Aunque las metáforas a veces se alejan de la realidad, vemos una intención continua de crear una teoría general que dé cuenta de toda la información que tenemos tanto de los metafenómenos (fenómenos psicológicios) como del cerebro como entidad biológica.

* * *

«Independientemente, claro está, de la validez filosófica de las opiniones de Lorenz, este punto de vista señala y pone al descubierto el profundo significado psicológico que posee la consideración de la filogenia del cerebro.

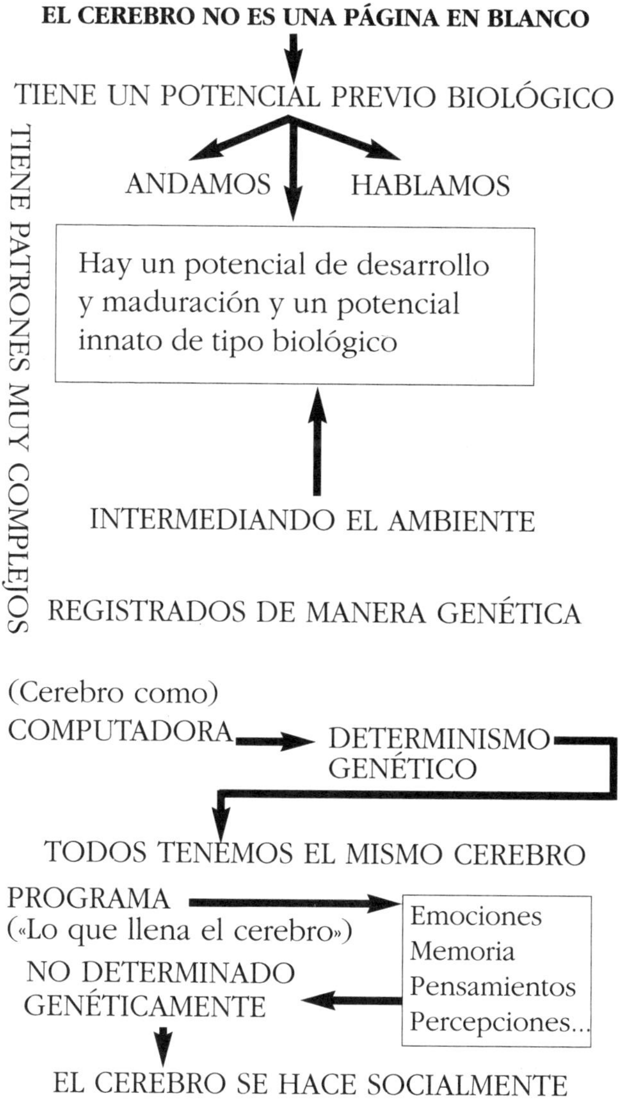
EL CEREBRO NO ES UNA PÁGINA EN BLANCO
TIENE UN POTENCIAL PREVIO BIOLÓGICO
ANDAMOS
HABLAMOS
Hay un potencial de desarrollo y maduración y un potencial innato de tipo biológico
INTERMEDIANDO EL AMBIENTE
TIENE PATRONES MUY COMPLEJOS
REGISTRADOS DE MANERA GENÉTICA
(Cerebro como) COMPUTADORA
DETERMINISMO GENÉTICO
TODOS TENEMOS EL MISMO CEREBRO
PROGRAMA («Lo que llena el cerebro»)
Emociones
Memoria
Pensamientos
Percepciones...
NO DETERMINADO GENÉTICAMENTE
EL CEREBRO SE HACE SOCIALMENTE

Las bases naturales de una epistemología genética arrancan de aquí. El psicologismo erró, sin duda, al pretender reducir la validez del conocimiento a las operaciones psicológicas en que aparece. Pero el error logicista ha consistido, por el contrario, en intentar deducir del conocimiento la naturaleza de las operaciones que lo posibilitan. La psicología no debe incurrir en ninguna de ambas equivocaciones.» (J. P.)

* * *

El comportamiento, con el proceso de maduración cerebral, se ha ido volviendo cada vez más complejo a lo largo de la evolución, pero eso ha sido posible no solamente por un cerebro con una estructura también más compleja sino que ha sido gracias a las interacciones, principalmente con el medio.

Probablemente las necesidades de supervivencia (debate evolucionista) hicieron posible que el cerebro se volviera más complejo cada vez. Pero nunca el cerebro, probablemente, sin la obligación que le ha ido imponiendo la adaptación, hubiera sido posible su propio progreso.

El cerebro del chimpancé puede ser diferente al del hombre, quizá, por las características de las conexiones neutrales, su número, etc. en la corteza, y la pregunta es por qué sucedió esto. Es posible que el hombre al erguirse y andar sobre dos pies y utilizar las manos para usar y hacer herramientas provocara nuevos niveles de conexiones entre las neuronas y una nueva reestructuración cerebral, que llevaron a profundos cambios, principalmente del neocórtex.

Es más que probable que en las complejas interacciones que se producen en la vida sean las que han ido llevando al cerebro al estado actual. Aun así, el misterio radica en: ¿por qué ha existido un salto cualitativo tan grande en las capacidades y el comportamiento del hombre frente a los otros animales del mismo reino al que pertenece?

El cerebro no ha dirigido el proceso de evolución de la vida hasta llegar al hombre; fueron sus necesidades de todo tipo las que han permitido que en los órganos corporales se desarrollasen:

— Cambios ecológicos.
— Cambios de peso.
— Uso de las extremidades delanteras.
— Necesidades metabólicas.

— Especialización de las extremidades y otros factores fueron influyendo continuamente para provocar cambios en las estructuras.

La otra hipótesis, también muy sugerente, trata de dilucidar por qué entre los diversos tipos de hombres pudieron existir también diferencias notables. No podemos ahora comprobar esto debido a que las discrepancias entre las diversas «especies» de hombres solamente pueden hacerse a través de los restos hallados: entre el australopiteco y el hombre actual hay una inflexión notable en cuanto al desarrollo del encéfalo. Hoy se sabe que el hombre de Neanderthal era una especie del género homo diferenciado de la «sapiens sapiens» de forma notable. Los restos hallados verifican, en cuanto a la cavidad del cráneo, que los neanderthales tenían un mayor volumen del encéfalo, aunque menor era la estructura de los lóbulos frontales en ellos que en nosotros. ¿Qué significó todo esto en términos de adaptación, de capacidades y conductas?

* * *

«¿Dónde situamos el proceso de arranque de la hominización? Está claro que debe darse una maduración anatómico-funcional en el ser humano; pero no lo es tanto que esta maduración sea, por sí sola, el antecedente necesario que establece el arranque del proceso de humanización. Por el contrario, es la humanización la que orienta la hominización. El sapiens no lo es solamente por su capacidad craneana, por su expansión cerebral, por su bipedismo, por la especialización de su mano. Lo es por todas estas cosas; pero en la medida en que tales factores son orientados, desde el momento mismo del nacimiento, por las relaciones humanizadoras. Sapiens no se desliga de "socius", porque se implican correlativa, dialécticamente. De nada vale una expansión cerebral que no es potenciada por el lenguaje, que no es "funcionalizada" por la maduración socialitaria.

Lo anterior puede comprobarse con el análisis de uno de los elementos presuntamente más simples del psiquismo: me refiero al concepto de "reflejo". Por supuesto que no se trata aquí de establecer toda la teoría, sino sólo de adelantar algunos elementos de importancia que ayuden a comprender cómo la simple yuxtaposición de niveles de organización es incapaz para resolver las dificul-

tades que plantea la idea de continuismo mecánico. Con Colodrón habría que afirmar, como premisa general, que las leyes que rigen los distintos niveles de organización de la realidad son transformadas en la medida en que tales niveles se organizan en realidades más complejas; es decir, cada nivel supone una discontinuidad en la continuidad, como formas de movimiento específico que se transforman en estructuras superiores, de tal manera que la evolución de los niveles antecedentes o consecuentes modifica sustancialmente el movimiento del nivel intermedio, a la vez que éste es factor de transformación de los otros niveles. Así, los procesos animales o humanos son resultado de la complejidad progresiva habida en los niveles precedentes de la estructuración de lo real. Tienen, por tanto, su origen en la materia no viviente, pero no pueden ser explicados por ella. Cuando la complejidad de desarrollo de un nivel de la realidad alcanza un determinado punto, surgen cualidades nuevas irreconocibles en los elementos que integran la totalidad; es decir, surge un nuevo nivel de integración, una nueva forma de movimiento (Colodrón). El nuevo nivel surgido explica al anterior y no al contrario. Así, si atendemos a la evolución del concepto de "reflejo" vemos que fue adoptando cada vez dimensiones más complejas de la actividad adaptativa del organismo, pasando desde una concepción fija e inmutable (= respuestas reflejas como producto de la experiencia de las especies, cristalizada en organización nerviosa hereditaria; respuestas que se producían con la maduración de las estructuras nerviosas correspondientes y en las que se daba la posibilidad, por asociación temporal, de reemplazar el estímulo desencadenante por otro cualquiera —externo o interno— asociado a él, lo que daría lugar al condicionamiento. En este sentido, se suponía —Pavlov— que estos reflejos estaban relacionados con las estructuras subcorticales profundas mientras que la asociación temporal se ponía a cuenta exclusiva de la corteza cerebral) a una concepción mucho más dinámica. Hoy sabemos que la distinción entre reflejos incondiclonados y condicionados ya no es tan inmutable; que la corteza interviene en los dos tipos (experiencias de Asratian), no sólo a nivel de ajuste, sino además incluso a nivel de representación cortical, en el sentido de su proyección en los diversos niveles del sistema nervioso central. Por otra parte, Anojín complejizaba la imagen tradicional del reflejo (= tres eslabones: uno que iría de los órganos receptores a los centros nerviosos; otro que uniría las áreas centrales receptoras y motoras, y un tercero que transmite el impulso desde los centros hasta los órganos efectores), para lo cual introducía un cuarto elemento (parte de los órganos efectores y va a los centros nerviosos, llevando la información sobre el cumplimiento de la acción, de tal manera que cualquier nuevo elemento puede llevar a una consiguiente modificación del acto en cumplimiento, etc.). No incluyo aquí otros elementos (experiencias de Bykov, etc.). En todo caso, de lo que se trata es de hacer ver que una complejización de las estructuras biológicas cambia el sentido y la orientación de los niveles de base y que, en fin, todo nuevo estímulo, en estos simples elementos, se inscribe en la condicionalidad de los modos de acción de las estructuras biológicas más complejas, de tal manera que dicho estímulo se halla doblemente condicionado por la his-

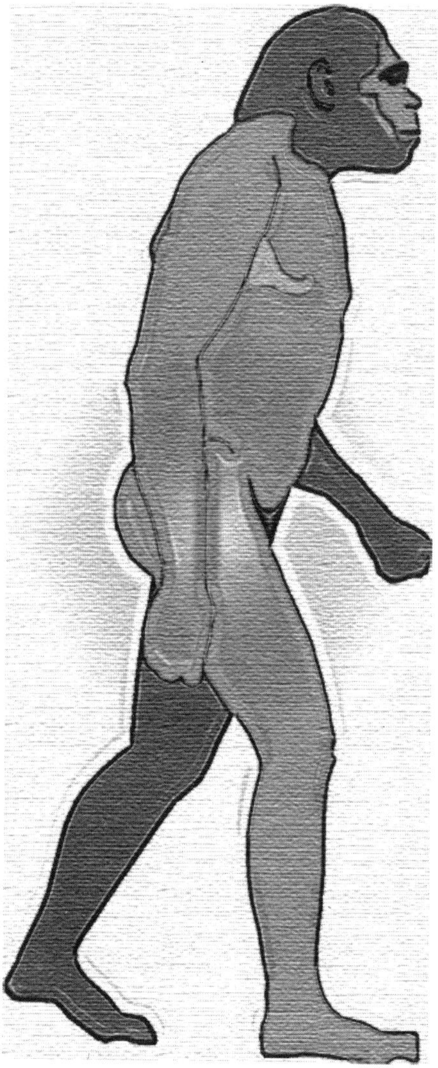

toria tanto filogenética como ontogenética del organismo en cuestión. Si esto es así para la historia natural, se comprenderá cómo la variación es superior en el caso del hombre, puesto que simplemente a niveles de organización nerviosa corresponden (¿biológicamente? Es claro que no) cualidades de acción específicamente distintas. Si esto se conecta con la distinción de Laborlt entre paleoencéfalo y neoencéfalo, ya se advertirá las consecuencias que puede implicar una simple extensión de distinciones biológicas o de sus continuidades respecto a la caracterización de la sociedad histórica por relación a las sociedades animales (y esto incluso contando con el supuesto de las gratuitas extrapolaciones que hace el mismo Laborlt).

Todo esto nos lleva a la necesidad de establecer la especificidad de un tratamiento de la personalidad que sitúe el problema de lo psicológico en relación a los elementos que lo fundan e, igualmente, en conexión con los procesos de regresión y ocultamiento que tal instancia (lo psicológico) favorece.» (J. L. de la Mata).

## Hacia un cerebro polisensorial y holístico

CONVIENE ir haciendo énfasis en que el desarrollo del cerebro no es el que marca totalmente la adaptación y el desarrollo de la vida; es todo el conjunto de condiciones sociales, biológicas, mentales, el que va conformando ese progreso, en interacciones complejísimas en todos los sentidos.

Esa complejidad multifactorial, multidimensional, multirealidad o como se quiera llamar, es lo que llamamos compleja INTERACCIÓN.

El cerebro, efectivamente, es posible que influya, e incluso para algunos es esencial, en relación con esa interacción del cerebro hacia el mundo externo y su realidad interna, que tanto la conducta como la capacidad que la mente despliega emerjan de su base neuronal, principalmente desarrolladas en la corteza: nos referimos a las conexiones neuronales.

En el cerebro son miles de millones de neuronas las que se organizan en microcircuitos, ¿emerge de esa actividad conectiva la potente capacidad del cerebro? En principio, algo tendrá que ver con ello, y probablemente mucho que ver.

Eso es lo que el fisioterapeuta Doman creía que pasaba cuando al cerebro de los niños se le estimulaba, que potenciaban los metafenómenos, principalmente el de la inteligencia, a unos niveles mayores que si al niño no se le estimulaba en su temprana edad.

Esto podría suceder, precisamente, porque se potenciaban más conexiones entre las neuronas; es decir, se creaban más microcircuitos cerebrales por efecto de la estimulación; consecuentemente el potencial de la inteligencia del niño se incrementaba... Esto parece lógico.

Pero, ¿qué sucede cuando el hombre involuciona y el cerebro pierde masa encefálica; o sea, mueren neuronas? No unas cuantas, sino que en el proceso se pierden cantidades ingentes. Las capacidades del hombre también se ven involucionadas, pero no desaparecen, a menos que exista una enfermedad somática; por efecto de la vejez, lo que puede estar sucediendo es que unas neuronas van relevando a otras; o mejor dicho, que ciertas estructuras (conjuntos de microcircuitos neuronales) se van reestructuran y el cerebro no deja de funcionar globalmente con eficacia. Esto se observa que es así cuando el cerebro sufre lesiones, tiene una tendencia a reorganizarse, y si se le estimula convenientemente siempre tiene la posibilidad de mejorar sus capacidades perdidas; claro, dentro de unos límites y dependiendo de la gravedad y de la irreversibilidad de la lesión...

La capacidad conectiva, su flexibilidad, es lo que posibilita que ese órgano tenga capacidad casi de «mutar», está en sí mismo vivo, es capaz de flexibilizarse en su funcionamiento fisiológico. Las neuronas no solamente tienen la capacidad conectiva, sino otras como la capacidad de moverse, de desplazarse, y algunas otras que probablemente aún estén por conocerse. La movilidad se produce principalmente en la fase del cerebro naciente en niños muy pequeños y en el feto. Otras, como la propia capacidad de mortandad de las neuronas durante la fase de feto y al nacimiento, son misterios del cerebro...

Los circuitos bioquímicos y eléctricos, que forman las neuronas conexionadas entre sí, gozan de muchas propiedades, en cuanto a que esos circuitos se combinan y forman estructuras, que a su vez se asocian a otros conjuntos de circuitos; el tema se vuelve tan complejo por la cantidad de probabilidades, que aconsejamos, por ahora, no pensar en ellos, en el sentido de que la complejidad que eso comporta es inimaginable, y por ahora inabordable. Ésa es una dirección de las investigaciones en neurología más importante de la actualidad.

Pero volvamos al fenómeno básico de la conectividad. Los circuitos neuronales se basan en las conexiones que establecen las neuronas entre sí; es decir, de la capacidad de sinaptar (conexionar: sinapsis) entre ella.

La sinapsis se produce, no por contacto directo, sino por efectos de descargas eléctricas, que a su vez producen reacciones químicas, se liberan neurotransmisores entre los espacios de las terminaciones nerviosas axón-dendrita (un solo axón puede conectar con las dendritas de muchas neuronas). Los agentes químicos que viajan por el espacio intersináptico (axón-den-

CEREBRO
BASE NEURONAL

CONEXIONES

MILES DE MILLONES DE NEURONAS
ORGANIZADA EN MICROCIRCUITOS

DESCARGAS ELÉCTRICAS
REACCIONES QUÍMICAS

SINAPSIS

CONTROL ELÉCTRICO
NEUROTRANSMISORES (QUÍMICO)

ACTIVIDAD

INHIBIDORA

ACTIVADORA

**CIRCUITOS NEURONALES**

HIPERACTIVIDAD CEREBRAL

Procesamiento continuo, sensorial, sin decanso

ESTÍMULOS DE LOS SENTIDOS
ESTÍMULOS INTERNOS

EL SENTIDO DE LA VISTA PREDOMINA
EL CEREBRO SE FÍA DE LA VISTA

EL CEREBRO INTERPRETA LOS SENTIDOS
Y DA RESPUESTAS MUY COMPLEJAS

drita) provocan, según sea el tipo de neurotransmisor, una actividad en la otra neurona inhibiendola o activándola (excitándola).

Se establecen como si fueran interruptores que recuerdan a las propiedades del sistema binario (0 ó 1): «sí ó no», o «excitado-inhibido». En este punto parecería que tocamos el lenguaje máquina de un ordenador, o la base elemental de funcionamiento de los circuitos electrónicos... (comparación que no queremos hacer sino de manera muy remota).

Los microcircuitos neuronales son integrados en otros circuitos, y ésos, en otros, hasta casi el infinito. Lo cierto es que esos circuitos neuronales tienen una actividad calificada de hiperactiva. A lo largo de la vida del cerebro esa hiperactividad no cesa, y cuando cesa, hemos llegado a la muerte. Ya sabemos que se considera que hemos muerto clínicamente cuando la actividad eléctrica del cerebro es «cero».

Mientras no sea cero, la vida en alguna medida continúa. Cuando esa «circuitería» está funcionando con «normalidad hiperactiva» el procesamiento de la información es imparable, la actividad sensorial activa o inhibe una ingente cantidad de esa «circuitería» cerebral, y sin descanso (estímulos procedentes de los sentidos, estímulos internos, respuestas y reacciones de toda índole...).

* * *

«En el siglo pasado muchos neuroanatomistas pensaban que el sistema nervioso constituía una sola entidad, un "reticulum" o red, que poseía interconexiones continuas en forma semejante a lo que sucede en el músculo del corazón. El gran neurohistólogo Ramón y Cajal desarrolló una aplastante cantidad de pruebas y resultados que se oponían a esta idea y apoyaban, por otra parte, la "doctrina de la neurona". Esta "doctrina" afirma que las neuronas son células separadas, que interactúan a través de conexiones funcionales en lugar de estructurales. Para proporcionar aunque sea una de las muchas pruebas que apoyan esto, recordemos que en el desarrollo embriológico del sistema nervioso cada cuerpo celular, por separado, produce prolongaciones (axones y dendritas) que crecen hacia otras neuronas, en lugar de presentar el aspecto de un sistema total que creciera continuamente.

En la actualidad, se sabe que las conexiones funcionales que se desarrollan entre las neuronas constituyen yuxtaposiciones espaciales entre los elementos implicados (es decir, las finas terminaciones del axón de una célula con las dendritas y el cuerpo celular de otra). Estas conexiones funcionales fueron denominadas "sinapsis" por el neurofisiólogo inglés Sherrington, quien dedicó toda su vida al análisis de la conducta refleja en términos de acciones sinápticas excitadoras e inhibidoras. Podemos considerar esencialmente la conducta del sistema nervioso como el resultado de los patrones de conducta de cada una de sus minadas de células nerviosas... Este patrón de conducta se define en cualquier momento a través de dos posibles estados de la célula, activación por un impulso o quietud.» (Thompson).

* * *

Las interpretaciones que hace el cerebro de toda esta actividad permiten todo tipo de acciones conscientes, inconscientes, externas, internas; probablemente de esta actividad emerjan, o se impliquen, los metafenómenos, la inteligencia, los pensamientos, las ideas, los sentimientos, en procesos de interacción realmente complejos y hasta ahora desconocidos. ¿Qué «circuiterías» activa una emoción como el amor?... Es una incógnita; pueden estar implicadas en ello, seguro.

En el cerebro, se han intentado localizar macrofunciones, o funciones específicas, dentro de la lógica que las lesiones cerebrales indicaban. Es decir, «tal lesión» produce tal carencia funcional, por tanto «tal función» cerebral se localiza en un área «x» del cerebro. También a través de provocar lesiones en mamíferos superiores se ha tratado de esas áreas locales de funcionamiento cerebral.

Es ya historia la localización del lenguaje en la tercera circunvalación del lóbulo frontal izquierdo llevada a cabo en su momento por Broca, donde se ha comprobado que la expresión verbal es un área de proyección significativa.

Se ha creído también que el cerebro trabaja con la lógica de que una función determinada es capaz de especializarse también en una zona cerebral «x». La pregunta, en las investigaciones básicas, ha consistido en decir:

¿Qué parte del cerebro está especializada en una función particular?

El cerebro anatómicamente se dividen dos hemisferios, y la investigación localicista nos marca para cada hemisferio dos funciones diferenciadas:

En el izquierdo se dice que encontramos nuestra identidad racional y matemática, mientras el derecho representa nuestra parte emocional e imaginativa.

En el hemisferio izquierdo se localizan funciones como:

— El pensamiento lógico.
— Lo verbal.
— Lo analítico.

Mientras que en el hemisferio derecho está:

— La subjetividad.
— Lo emocional.
— La creatividad.

Cada uno de estos hemisferios, a su vez, se divide en cuatro lóbulos, los cuales a su vez tienen funciones específicas:

**FUNCIONES DEL CEREBRO**

↓

LOCALIZACIONES CEREBRALES

↓

LENGUAJE (Broca Paul)

↓

3.ª CIRCUNVALACIÓN
LÓBULO FRONTAL IZQUIERDO

↓

CAPACIDAD DE EXPRESIÓN VERBAL

CEREBRO
FUNCIONES DETERMINADAS

→

ESPECIALIZA ZONAS
PARA DETERMINADAS
FUNCIONES

→

¿QUÉ PARTE ESTÁ ESPECIALIZADA
EN UNA FUNCIÓN PARTICULAR?

— En el lóbulo frontal se localizan la inteligencia y el conocimiento.

— En el área parietal se localiza lo sensorial.

— En el área occipital se encuentra la visión.

— En el área temporal está el área auditiva.

Sin embargo, esta aspiración localicista de funciones y áreas cerebrales tiene sus límites, en el sentido de que es verdad que algunas partes del cerebro se relacionan especialmente con áreas determinadas, pero el cerebro tiende a ser difuso en su forma de funcionar, y se cree que casi todo tiene un ámbito de funcionalidad más bien GLOBAL que específico.

Todo parece indicar que la mente, los fenómenos psicológicos, tienen una complejidad en su funcionamiento MULTIFUNCIONAL, que no se puede reducir a que las cosas funcionen de manera piramidal; o sea, que en la base exista mucha «información» que se proyecta en un área de cerebro de una forma convergente que llegase a un punto o área. Definitivamente parece ser que el cerebro no funciona de esa manera. Es posible que las cosas sucedan a la vez en muchos sitios (en paralelo) y en todas las partes como si el cerebro funcionara de un modo global.

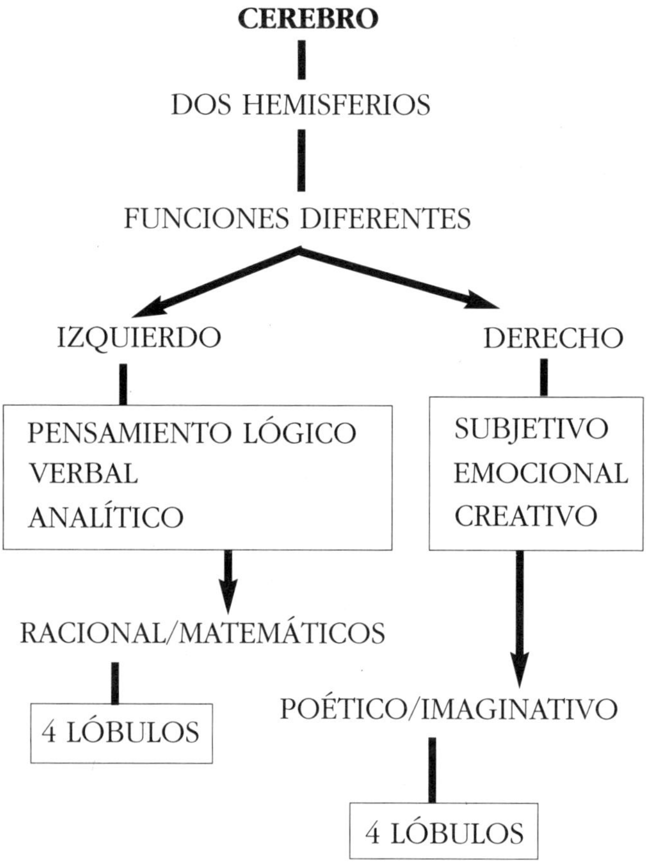
CEREBRO
DOS HEMISFERIOS
FUNCIONES DIFERENTES
IZQUIERDO
DERECHO
PENSAMIENTO LÓGICO
VERBAL
ANALÍTICO
SUBJETIVO
EMOCIONAL
CREATIVO
RACIONAL/MATEMÁTICOS
4 LÓBULOS
POÉTICO/IMAGINATIVO
4 LÓBULOS

El cerebro tiene mucha rapidez en sus procesos, y no va «diciendo» ahora hago esto, luego aquello..., de forma jerárquica, sino que lo hace con simultaneidad. Esto le da una plasticidad y un dinamismo por el cual le hace ser «el órgano rey de la creación», ese «gran desconocido»... De cualquier modo esto es también una hipótesis en la que la neurología trabaja, que necesariamente necesita de un enfoque multidisciplinar...

Nuestro cerebro se ha salido fuera de nosotros mismos. Hay quien dice que es como una catedral oscura, que tiene sólo ojos para el exterior. El cerebro es un órgano que está encerrado en el cráneo, pero donde menos está es en el cerebro, precisamente, en ese habitáculo de soledad. Vive fuera de sí, y cuando no está fuera de sí mismo llega a la muerte, a la desorganización, a la autodestrucción.

La postura localicista del cerebro ha descubierto una relación entre la empatía (capacidad de ponerse en lugar de otro cerebro, porque siente que es parecido a él mismo) y la zona prefrontal derecha de la corteza cerebral.

También se han observado hechos muy significativos con relación a la conciencia que uno tiene de sí mismo, en la conducta que los seres

LÓBULOS

1: FRONTAL → INTELIGENCIA CONOCIMIENTO

2: PARIETAL → ÁREA SENSORIAL

3: OCCIPITAL → ÁREA VISUAL

4: TEMPORAL → ÁREA AUDITIVA

↓

Parte del cerebro se relaciona con los sentidos, pero no todas las funciones tienen una localización específica sino GLOBAL

LAS METAFUNCIONES (fenómenos psicológicos)

↓

se ejecutan de forma MULTIFUNCIONAL

EN PARALELO
EN MUCHAS PARTES
O EN TODAS A LA VEZ

↓

EL CEREBRO
ES DINÁMICO

↓

NO ES CONVERGENTE
EN UN LUGAR

↓

LAS COSAS SUCEDEN SIMULTÁNEAMENTE

vivos tienen con relación a un espejo. A un gato, puesto delante de un espejo, podemos observarle cómo muestra indiferencia, o que trata de jugar con esa figura reflejada dando golpecitos con las patas al cristal. Un chimpancé parece que tiene una cierta conciencia de que es él mismo en algún grado.

El hombre se reconoce frente al espejo de una manera total, lo que implica que tiene conciencia de sí mismo. Pero esto no acontece siempre, cuando el niños tiene semanas, lo ponemos delante del espejo y no se reconoce, lo que implica su falta de conciencia sobre su identidad; pasados unos meses, adquiere esa conciencia y se reconoce a sí mismo, lo que implica que tiene asimilada en algún grado su identidad.

Esa conducta del niño nos demuestra cómo las metafunciones (fenómenos psicológicos) y la conciencia que tenemos de nosotros mismos nacen, poco a poco, en el ámbito social donde nos desarrollamos. Y que el psiquismo y la conciencia ni aparecen de repente ni nos vienen instalados de fuera ni son una propiedad inherente al propio cerebro, sino de la complejidad de interacciones de todo tipo que se van efec-

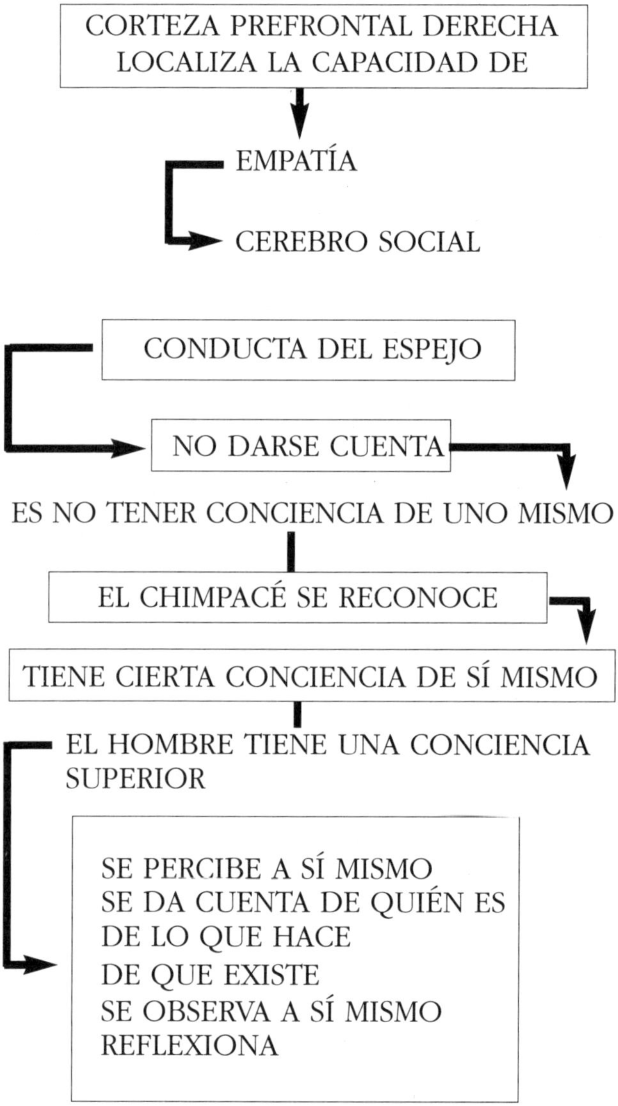
CORTEZA PREFRONTAL DERECHA
LOCALIZA LA CAPACIDAD DE
EMPATÍA
CEREBRO SOCIAL
CONDUCTA DEL ESPEJO
NO DARSE CUENTA
ES NO TENER CONCIENCIA DE UNO MISMO
EL CHIMPACÉ SE RECONOCE
TIENE CIERTA CONCIENCIA DE SÍ MISMO
EL HOMBRE TIENE UNA CONCIENCIA
SUPERIOR
SE PERCIBE A SÍ MISMO
SE DA CUENTA DE QUIÉN ES
DE LO QUE HACE
DE QUE EXISTE
SE OBSERVA A SÍ MISMO
REFLEXIONA

tuando desde fuera y desde dentro de nosotros mismos.

Nuestro cerebro es un cerebro social, que se percibe a sí mismo, que se da cuenta de quién es, que tiene conciencia de lo que hace, de que existe, de que es capaz de autoobservación, de reflexión...

Pero hay que volver a insistir que no es el cerebro en sí mismo quien marca la evolución; éste sí es como un elemento más de la vida, y se pone en función de ella. Es la mente emergente realmente más importante en su esencia que el propio cerebro; los metafenómenos (fenómenos psicológicos) no se pueden entender sin suponer que emergen de ello.

Como sucede con cualquier elemento de la evolución, no es aquello de donde nace donde hay que buscar la explicación, porque seguramente en aquello de donde emerge únicamente vamos a encontrar una parte que lo explique, pero no toda.

La conciencia y la mente se entienden en su naturaleza, aunque la mente es mucho más que la conciencia. ¿Dónde está la conciencia en el cerebro? ¿En algún lugar?...

Los neurólogos nos están diciendo con sus experiencias que la conciencia no tiene un lugar

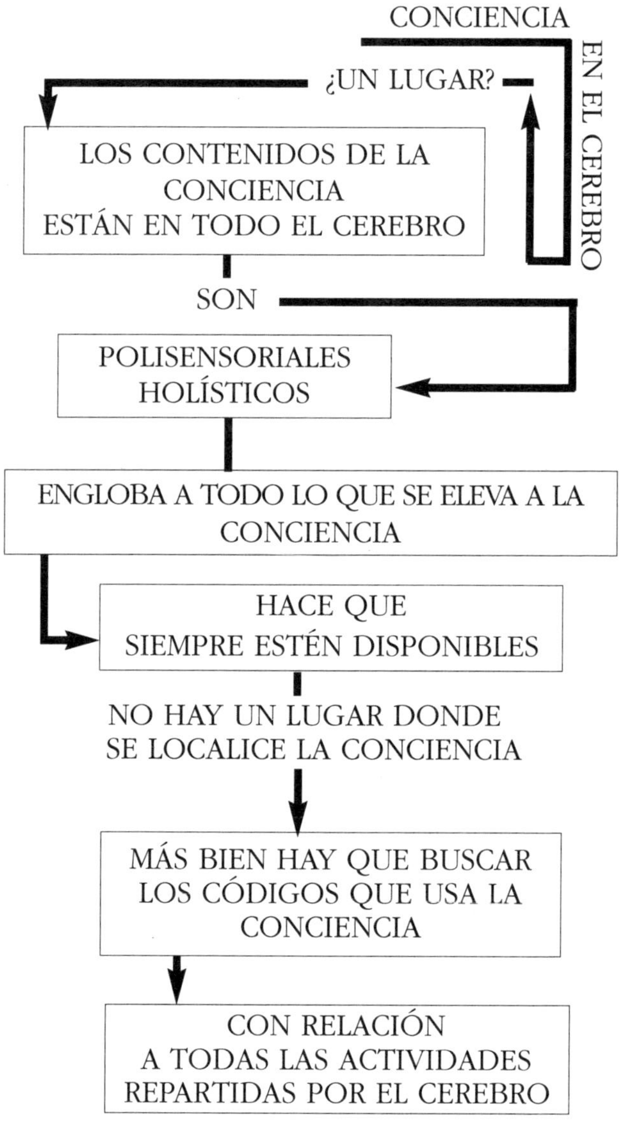
CONCIENCIA
EN EL CEREBRO
¿UN LUGAR?
LOS CONTENIDOS DE LA CONCIENCIA ESTÁN EN TODO EL CEREBRO
SON
POLISENSORIALES HOLÍSTICOS
ENGLOBA A TODO LO QUE SE ELEVA A LA CONCIENCIA
HACE QUE SIEMPRE ESTÉN DISPONIBLES
NO HAY UN LUGAR DONDE SE LOCALICE LA CONCIENCIA
MÁS BIEN HAY QUE BUSCAR LOS CÓDIGOS QUE USA LA CONCIENCIA
CON RELACIÓN A TODAS LAS ACTIVIDADES REPARTIDAS POR EL CEREBRO

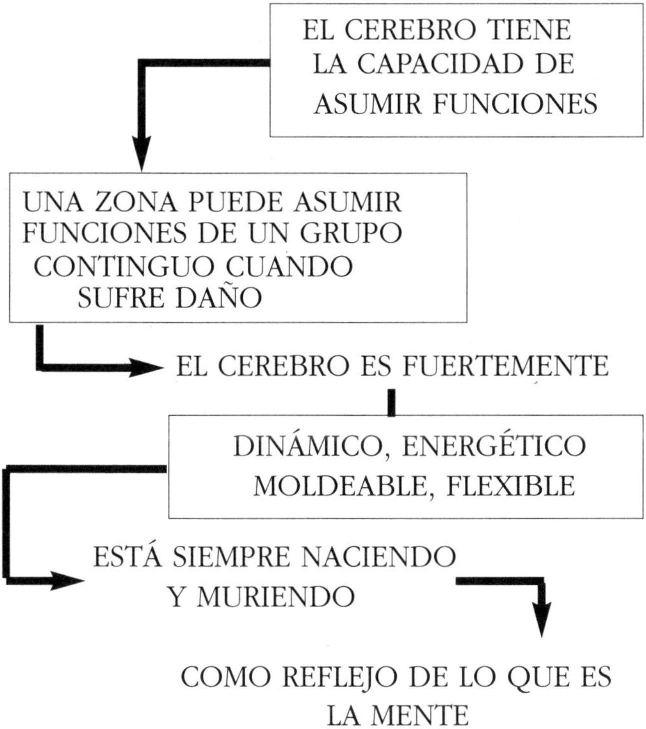
EL CEREBRO TIENE LA CAPACIDAD DE ASUMIR FUNCIONES
UNA ZONA PUEDE ASUMIR FUNCIONES DE UN GRUPO CONTINGUO CUANDO SUFRE DAÑO
EL CEREBRO ES FUERTEMENTE
DINÁMICO, ENERGÉTICO MOLDEABLE, FLEXIBLE
ESTÁ SIEMPRE NACIENDO Y MURIENDO
COMO REFLEJO DE LO QUE ES LA MENTE

localizado, en ninguno de sus experimentos han podido hallar el centro de la conciencia. La conciencia está en todo el cerebro. Los contenidos de esa conciencia son polisensoriales y holísticos, y la conciencia hace que esos fenómenos siempre estén presentes y además disponibles (memoria, inteligencia, experiencia, sensación, palabra...) y esa conciencia se encuentra influenciada y moldeada, potenciada o inhibida, en la interacción con su medio ambiente, principalmente social, y con el más amplio e indefinido, el cultural.

La conciencia sí tiene unos códigos con los que es capaz de manejar todas las funciones y actividades repartidas en el cerebro. Entender esos códigos de la conciencia no puede ser labor únicamente de la neurología sino de todas las disciplinas que estudian la conciencia humana.

La conciencia humana tampoco puede ser explicada por la conciencia animal, porque aquello de donde emerge no puede explicar lo nuevo, si no es apartir de esa naturaleza misma.

El cerebro es lo que es y la mente emergente es también lo que es. No se puede entender el cerebro desde el sistema nervioso periférico; sin embargo, ambos guardan una misma naturaleza, y su relación es vital. Pasa algo parecido entre la mente y el cerebro: el cerebro guarda una relación estrecha con la mente en cuanto que es dinámico, energético, moldeable, multifuncional, flexible, que está continuamente naciendo y muriendo, pero la mente es todo eso en un grado mayor.

## Conocer y mejorar la mente

Si sobre el cerebro tenemos tantas dudas para saber exactamente cómo funcionas sobre la mente resulta más difícil diseñar un esquema para decir esto es la mente y así funciona. La mente parece ser más un estado que emergiera de las funciones del cerebro como una realidad de fuerzas, eventos, circunstancias, interacciones, energías, etc., que tuvieran una cohesión que nos permitiera vivir en una diversidad de estados psíquicos:

— La vida consciente.
— El mundo de la inconsciencia.
— Los pensamientos con sus dinámicas y su densidad afectivo-emocional-sentimental.

— Las actitudes que nos generan estados variables de conductas, de pensamientos, ideas...

— Los intereses, las motivaciones personales, que, nos mueven a la acción externa y a la generación de actitudes internas.

— La interacción con el medio externo que nos rodea con la multitud de deseos que eso comporta a nivel social y cultural.

— Los hábitos y las costumbres que nos hacen seguir pautas de comportamientos repetidos, etc...

— La personalidad, que conjuga todo lo anterior, que nos permite percibir y compartir la realidad que nos rodea, junto a nuestras capacidades como la inteligencia, la memoria, la imaginación...

— La conciencia como un estado que nos permite darnos cuenta de nuestra propia identidad, que generalmente comprende todo aquello de lo que somos conscientes, siendo la propia mente mucho más.

Y así podríamos ir hablando de la mente como una realidad que tiene muchas cualidades, o estados intrínsecos y extrínsecos a ella misma, y que a lo largo de la evolución ha emergido al mundo de la realidad en función de las múltiples necesidades que han ido apareciendo en su filogenia, y que al llegar al hombre adquiere, en su estado de conciencia, una magnitud de una gran complejidad, que abarca todo tipo de complejas interacciones internas y con el mundo exterior que le rodea.

Sin embargo, a nosotros nos va a interesar ir viendo lo que la mente supone hoy en día para el hombre actual en función de nuestro mundo o nuestra realidad. Se ha planteado por los antropólogos multitud de veces la idea de que si un niño del paleolítico fuera traído a nuestro mundo actual, ¿qué sería de él? Se ve como muy probable que desarrollaría unas capacidades y una conducta como las nuestras, y que realizará una adaptación al mundo como la de cualquier humano actual. Eso no lo vamos a saber nunca, pero esa probabilidad está ahí contemplada por las ciencias humanas.

Eso significa que el ser humano posee un gran potencial mental, que ese potencial no está desarrollado al máximo, y que su desarrollo está sujeto a los estímulos del medio social que le rodea.

Existe también un desarrollo interior de la persona. Eso constituye un gran saber introspectivo al que en nuestra cultura hemos desechado con facilidad como fuente de conocimiento sobre lo

que puede llegar a ser nuestra mente. Los métodos introspectivos, en psicología, se dejaron de lado para tratar de conocer al ser humano desde su periferia, considerando los fenómenos que producían sus manifestaciones externas para tratar de descubrir lo que sucedía dentro, o lo que éramos por dentro, y los estudios se han parcializado mucho.

Pero no todas las culturas humanas han dejado de intentar conocer la realidad interior de nuestra mente. La cultura oriental es una fuente de riqueza en este sentido, y ha realizado esfuerzos que datan de miles de años atrás, que tienen una riqueza asombrosa a la hora de conocer esa realidad interior a partir de experimentarla, y de alguna forma sistematizarla en sistemas de conocimientos asombrosos, que para nuestra propia cultura occidental son fuente continua de inspiración y guía de multitud de investigaciones en todos los campos del saber y en el orden espiritual.

Si queremos hacer un planteamiento de mejorar nuestra mente, debemos, al menos, tratar de comprender cómo se organiza de modo global en el orden puramente humano, y cómo trasciende al mundo que nos rodea, y salta hacia el otro gran estado que el hombre dice llevar dentro de sí desde que tuvo conciencia y posibilidad de manifestarla externamente; ese otro estado es el espiritual.

El mundo de la mente son fundamentalmente estados energéticos, que se encuentran mediados; o que emergen de estado del cerebro en cada momento, no se puede tener mente sin cerebro, pero saltada esa realidad, desde aquí en adelante nos vamos a referir, independientemente de la química, o de la electricidad, a esos estados como realidades que pueden funcionar en sí mismas como elementos absolutamente independientes de la materia.

Mi decisión ahora de hacer algo va a depender de muchas de mis capacidades físicas, y del factores medioambientales, por supuesto, pero va a estar más en función de otros aspectos, como es mi personalidad, mis necesidades, y posiblemente puede estar mediada, o condicionada, en función de un orden social.

La mente como estado ahora es diferente a la que fue antes, y también será diferente a la que será luego. Hay partes que son más estables y otras que lo son menos. Los pensamientos, los sentimientos y emociones, los estados de ánimo son mutables y dinámicos como el rayo. La costumbre de pensar, sentir, emocionarnos, etc., en una determinada dirección, genera en nosotros hábitos que hacen que interiormente adquiramos una manera de pensar, y sentir y emocionarnos, que la psicología experimental ha denominado tradicionalmente con la palabra «personalidad de rasgos». En la mente quedan rasgos, maneras de ser.

También la mente funciona motivada por la expectativa del medio en el que se rodea, y se comporta en función de multitud de intereses sociales, que conforman su naturaleza actual. El ser humano sabemos que es un ser principalmente gregario, y que sin los demás tiene miedo a morir, a perderse, y no soporta la soledad. Así que se busca casi siempre una motivación externa y unos intereses sociales que le den sentido, lo que le marca un carácter, una forma de ser, que se combina con potencial heredado de tipo estable y quizá más biológico, que es el temperamento.

La mente, como vemos, son estados dinámicos, que en perpetuo cambio, está en función de sí misma y de los demás. Quizá sea menos de lo que creemos, una especie de aparato que tiene una configuración «física» determinada y un manual de uso. Es más difusa que todo eso, pero, lo que está claro es que goza de un grado de identidad notable y probablemente sea más una disposición continua y cambiante de estados de conciencia, que sigue diversos sistemas organizativos, muy diversificados e integrados, pero a la vez con funciones múltiples ejercidas a un mismo tiempo.

Si observásemos detenidamente cómo fluyen en nuestra mente los pensamientos, podríamos tener una idea de lo que decimos. Si comprendiésemos cómo emana de nosotros, y muta, un sentimiento, podríamos tener una idea de lo que decimos...

Si entendemos que nuestra mente no es como una «cosa» con norte, sur, este y oeste, sino como una disposición dinámica y cambiante de pensamientos, sentimientos, emociones..., que se organizan en nuestros interior formando estados de conciencia, sistemas de pensamientos, emociones, etc., estaremos en disposición de mejorar todo eso cuando NOS DEMOS CUENTA de que realmente es así, al menos en algún grado.

Cuando hablemos de mejorar la mente, pues nos estamos refiriendo a que ya lo estamos haciendo en cada instante que digamos «ME ESTOY DANDO CUENTA DE...». Solamente quien logra tener conciencia de aquello que sucede en el ámbito de la penumbra puede decir «soy consciente de...» y puedo, por tanto, cambiar. No se pueden cambiar aquellas cosas interiores que no se pueden «ver», ya que es imposible ejercer un control sobre algo que no sabe si existe o no; o simplemente sabiendo de su existencia se desconoce su naturaleza.

En los colegios se sabe que el estudiante más inteligente es el que pregunta y le dice al profesor que no ha entendido algo, porque eso supone que es capaz de hacer un seguimiento de un proceso de razonamiento y «darse cuenta de» que algo no le es inteligible; eso le permite aprender. Sin embargo, el estudiante que no entiende nada no puede hacer un seguimiento del proceso y «darse cuenta» donde le falla su comprensión, porque globalmente lo que explica el profesor se sale fuera de su ámbito de conciencia, y lógicamente no puede aprender.

En realidad, lo que en el planteamiento anterior estamos viendo es que «darse cuenta de», o ser consciente de las cosas, nos permite progresar; quizá esto sea especialmente aplicable a la forma en que funciona nuestra mente.

Así que vamos a tratar de desarrollar ideas útiles sobre los «metafenómenos» de la mente (algunos) para tratar de ver si en ese intento de comprensión logramos mejorar.

La mente tiene tantos ámbitos en su existencia que nosotros podemos llegar a percibir una mínima parte de su realidad; lo que queda fuera del ámbito de nuestra conciencia parece que no existiera, que fuera un quimera; nosotros lo podemos pensar así, eso no quiere decir que no exista y ejerza una gran influencia —mucho más de lo que pensamos— en el hacer de nuestra propia vida diaria.

Lo creamos o no, somos también aquello que no vemos de nosotros mismos. Hoy en día es imposible pensar que haya alguien que no crea que nuestra vida se reparta, con gran amplitud, sobre el ámbito de la inconsciencia.

Lo más importante de la conciencia reside en la luz que proyecta sobre la oscuridad de las cosas que «no se ven», que nos permiten, a la vez, entenderla mejor y manejarla. La realidad es mayor de lo que pensamos, y quizás sus dimensiones también. ¿Por qué habría de existir solamente una realidad como la nuestra y no otra? Todos los indicios indican que nuestra realidad es sólo un plano, y a lo mejor muy pequeño, que encaja dentro de otra realidad tan

# LA MENTE NO TIENE UN LUGAR SINO MUCHOS ÁMBITOS DE EXISTENCIA

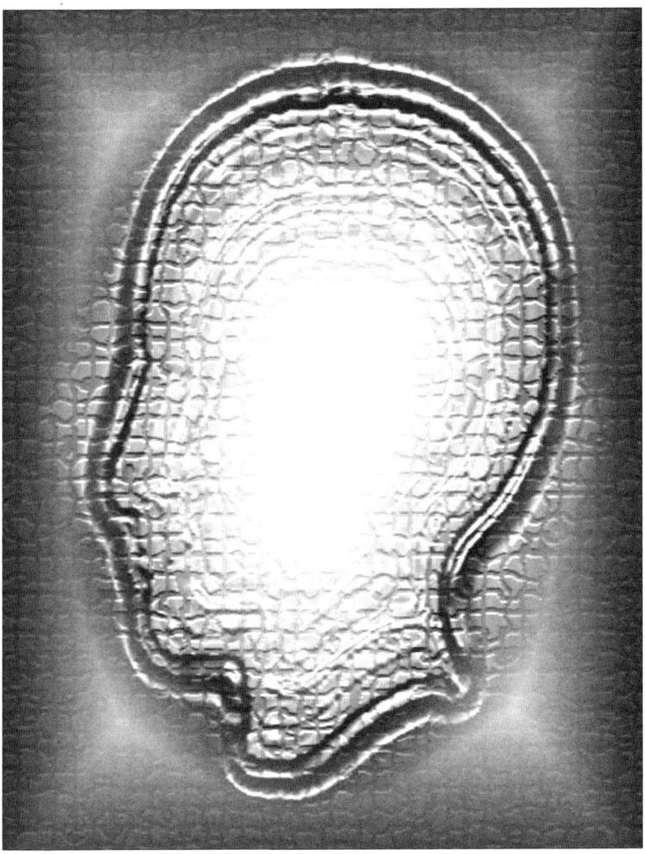

grande como veinte universos juntos, o mil, o un millón, o...

Nos cuenta Sogial Rimpoché un relato sobre una rana que nunca había salido de su charca, que cuando se encontró con otra rana que procedía del mar, y ésta le dio explicación de lo grande que era el mar, la rana de la charca quedó estupefacta y no comprendía ni se creía que eso pudiera ser así; partió, pues, con la rana de mar a ver aquello que le era imposible concebir como una realidad, pues estaba mentalmente identificada con su pequeña charca. Cuando estuvo delante del mar sufrió tal impresión, que, según cuenta Sogial Rimpoché, a la rana le estalló la cabeza.

La naturaleza de la mente es muy amplia, y como está tan poco iluminada para muchos de nosotros («ranas de charcas») necesitamos de personas («ranas de mar») cuyas experiencias personales vayan más allá y nos descubran quizás cosas inconmensurables. Ése es el propósito en este libro que tratar de ayudar a otros en su camino, no porque yo sea «rana de mar» sino porque intento dejarme guiar por esas ranas para encontrar el camino al mar, y si lo encuentro, espero que la cabeza no me estalle.

La verdad no puede ser nunca una, ni tiene solamente una cara, ni siquiera es sucesiva, ni se da en un solo plano, ni está en el sueño ni en la realidad diurna, nadie la posee en su totalidad, porque es imposible abarcar lo que es múltiple, lo que no tiene tiempo ni lugar, ni principio ni fin, y simplemente es lo que es...

Nos queda pues:

— La apertura.
— Una amplitud en la mirada.
— Una disposición positiva hacia ella.
— Un obrar con entusiasmo para tratar de alcanzarla...

La verdad es como aquel misterio que quería comprender Santo Tomás sobre Dios, y que un ángel, que andaba horadando un hoyo en la arena, le dijo: «Es más fácil meter todo el agua del mar en este hoyo que comprender ese misterio». Yo identifico ese misterio con la verdad, una verdad múltiple y a la vez relativa, quizá simple y muy sencilla...

La mente tiene su verdad, en el sentido de lo que hemos dicho anteriormente, y desentrañarla quizá sea en este momento como tratar de meter toda el agua del mar en un hoyo. Sin embargo, nos podemos acercar a ella con humildad y tratando, de modo muy flexible, ver lo que somos cada uno de nosotros en ella, como una experiencia personal. La mente es, en parte, la mente de todos, pero a la vez también es únicamente nuestra...

El conocimiento que podamos tener de ella no puede basarse únicamente en nuestra experiencia personal, pues todos los hombres que han existido la han poseído y la han experimentado; y muchos han tratado de transmitir, culturalmente, un conocimiento que se tiene sobre esa experiencia.

Sería muy jactancioso, sabiendo que nuestro cerebro está fuera de sí mismo, en los demás, permitir desaprovechar todo cuanto podamos aprender de lo que nos ha sido legado. La mente ha sido subjetivamente explorada desde hace miles de años. No importa dónde ni por quiénes...; lo esencial es que el ser humano tiene un cúmulo de experiencias del estado de su propia subjetividad, sobre todo eso que la ciencia, hoy en día, no logra explicar, y que le sobrepasa de una manera indecible; y digo por ahora, pues la vía de conocimiento científico es un faro más, y muy importante, de su mente.

Sí hablamos de que el cerebro es una realidad social que se complementa con otros cerebros, y que moldea cada realidad desde esa perspectiva común; tampoco la mente individual es nada si no entendemos que es social. Nuestra mente se hace con la naturaleza de otras mentes, y ya no es solamente nuestra sino que la tenemos gracias a los demás.

Estar atentos, ser observadores y receptivos produce una mejora y una flexibilización y amplitud de nuestra existencia. La mente se nutre de su propia experiencia, pero también crece y se desarrolla cuando da y recibe.

La mente tiene las cualidades de amor cuanto más das más recibes. Está fundamentalmente fuera de sí misma. Por eso cuando la observamos de modo funcionalista, como si fuera una máquina, no la entendemos. No se puede entender la mente como algo que funciona mecánicamente...

Esto último no contradice la idea de que la mente debe ser objeto de observación en su propia subjetividad, intentando mantener una distancia, que no deberíamos calificar de objetiva, sino que se demuestra en la «ciencia» de la meditación que deberían estar carentes de una cualidad psíquica que se llama «apego».

## Observar nuestros estados mentales sin «apego»

Los metafenómenos mentales deben ser observados por cada uno de nosotros no con objetividad (en el sentido de Unamuno, que creía que en la persona, al ser «sujeto», la objetividad era imposible, y por tanto todo en el hombre está en el ámbito de la «subjetividad»).

Así que otra actitud frente a la «objetividad imposible» es la abordar las cosas desde la falta de «apego».

Sería algo así como observar un estado de ánimo, de tal forma que, estando por encima de él, se nos permite conocerlo. Si yo vivo un estado de rencor y logro observar cómo se produce y evoluciona y se extingue ese rencor, pero sin encontrarme inmerso, apegado, a las circunstancias que lo producen, no solamente voy a superar ese estado emotivo, mental, negativo, que produce el rencor, sino que además voy a conocerlo y a controlarlo mejor cuando esto suceda de nuevo. Porque el rencor es parte de la naturaleza de la mente, y no podemos pretender que no exista; así de forma parecida no podemos pretender con nuestro cerebro hacer desaparecer a nuestro sistema límbico cuando sabemos que está implicado en todas nuestras emociones moriríamos.

La mejor forma de obrar con la mente quizá sea la de la autoobservación, principalmente con las emociones, donde actuar sin «apego», significaría algo así como no identificarse con las causas que producen y mantienen esas emociones negativas.

Esta técnica oriental es una manera de obtener conocimientos con una metodología tan positiva como se pueda obtener con cualquier otra metodología dentro del campo de la ciencia occidental.

Para el conocimiento de la mente, este método introspectivo resulta altamente eficaz como fuente de conocimiento. Quizá estemos en un momento en que las técnicas introspectivas deberían ser recuperadas en base a la luz que aportan las técnicas orientales (milenarias) en la que se conjuga, y no es incompatible el conocimiento «objetivo» con la perspectiva humana y espiritual que ese conocimiento aporta sobre el ser humano.

No es nuevo que muchos científicos occidentales desde hace ya muchas décadas encuentran allí una fuente inagotable de saber.

Por tanto, auto-observarse y no apegarse a lo que observamos es un procedimiento de incalculable valor para conocer y mejorar nuestra realidad de hombres mentales.

Hay en la mente individual algo que está en todas las mente: igual que tenemos un cerebro que es el mismo para todos los hombres, también existe una mente que es igual para todos. No todos los cerebros humanos «funcionan» de igual forma, como tampoco la manera en que son las mentes individuales. La mente individual necesita ser instruida o, mejor dicho, guiada para converger hacia un estado de la mente más evolucionado o superior.

Esa implicación entre desarrollo personal y adquisición de conocimiento interior es lo que da al procedimiento oriental una perspectiva realmente importante a la luz de nuestros propios conocimientos y sistemas, y que son altamente útiles a la hora de abordar la mente.

Nuestra psicología trata de conocer, a través de sus propios métodos, la naturaleza interior y exterior del hombre (y todas las interacciones posibles); y luego, con ese conocimiento, se acerca al «hombre de la calle» y mediante sistemas llamados terapéuticos, logra aportar una ayuda.

Las técnicas orientales se inmiscuyen dentro del mismo proceso, en el sentido de que es el hombre mismo el que a través de su propio conocimiento logra salir y evolucionar en su mente; el otro no le brinda la solución sino que como máximo le «señala» un camino de mejora, pero ese camino solamente puede ser descubierto por cada cual como un camino de maduración personal.

La mente es un descubrimiento que cada uno puede hacer con relación a todo lo que uno es. Se trata de un descubrimiento sobre lo que cada uno representa para sí mismo, pero no solamente de aquellos aspectos, más o menos previsibles, sino de lo imprevisible y oscuro. Una función de la mente es la de su capacidad creadora: en la mente todas las cosas son posibles.

Todas las cosas pueden crearse. Podemos crearnos inmiscuyéndonos en el mundo del dolor o en el mundo de la dicha, de la felicidad o de la infelicidad. Los pensamientos tienen la fuerza de la creación, y no hay nada que exista sin que antes no sea pensamiento, o sensación, idea o emoción, y todo ello a un mismo tiempo...

Una de las propiedades fundamentales de la mente consiste en que hay una base que la llamamos experiencia, y que a lo largo de toda la existencia vamos acumulando en un mayor o menor grado de riqueza. La experiencia forma parte de la mente dirigiendo muchos de sus procesos, y continuamente sedimenta su naturaleza en ella.

* * *

«Distinguimos habitualmente la experiencia de diferentes maneras. Algunas de las distinciones más comunes son: interna y externa, real e irreal, plena y vacía, significativa, fútil, privada, pública y compartida. Los términos establecen distinciones temporales entre pasado y presente, aquí y ahora, entonces y ahí. La mayor parte de nosotros consideramos como "yo" a una porción de todo lo que experimentamos en cualquier tiempo y lugar y como "no-yo" a lo que queda. Asímismo catalogamos el tipo de experiencia mediante modalidades, a saber: memoria, imaginación, sueño, percepción vigilia, etcétera...

Pienso en mí como estando dentro de mi cuerpo y a la par en este dentro de mi cuerpo como estando de algún modo "dentro" de mi espacio privado. Alguien que entrara en mi cuarto sin llamar no sería tan intruso para mí como si fuera a entrar en mi cuerpo sin mi permiso. No obstante, dado que estoy dentro de mi cuerpo, mi cuerpo está también en algún sentido fuera de mí.

Se considera comúnmente que las sensaciones corporales son reales. El dolor físico es muy real. Rara vez se piensa que una sensación que se tiene por física sea irreal, aunque algunos suelan llamar "tu imaginación" a un dolor que yo siento cuando ellos creen que mis razones son insuficientes para sentirlo. Algunos individuos no sienten que sean reales sus cuerpos y en nuestra cultura esto basta para considerarlos enfermos mentales.

He conocido igualmente individuos que están prontos a llamar "real" al dolor que experimentan en su "imaginación", aunque esto es más bien raro. El cuerpo humano tiene una triple posición en el espacio personal, dado que todos los demás objetos son externos a todo hombre. Generalmente suponemos que el cuerpo del otro es algo de que éste participa en varios respectos; también es un acontecimiento público del que todos participan menos el otro (como un objeto externo respecto de todos los demás); en tercer lugar, es algo privado para el otro.

Nuestra cultura, aunque permite ciertas libertades, señala muy drásticamente a los que no trazan la división entre interno y externo, real e irreal, yo y no-yo, privado y público, en toda aquella ocasión en que se considera que es sano, correcto y normal hacerlo.

Una voz que alucino puedo experimentarla dentro o fuera de mí; como real o irreal; como privada, en tanto que no puedo concebir que nadie más la oiga, o pública, si creo que los demás la oyen. Irreal no es sinónimo de imaginario. Se da por supuesto que mi imaginación está dentro de mí. Si creo que lo que "imagino" ocurre fuera de mi "mente", en especial si lo llamo mi imaginación e imagino que los demás no imaginan lo mismo, será lo común pensar que algo pasa conmigo. Quienes comparten estas experiencias se inclinan a suponer que son reales. Pero aquellos que no las comparten se inclinan a suponer que quienes las comparten padecen de alguna forma psicosis colectiva.

Consideramos muchas sensaciones corporales como algo privado. Si me quemo un brazo, el dolor es, para mí, una cosa privada, pero la quemadura misma es pública. Esto es siempre así. Algunos creen que pueden sentir en realidad el dolor de otra persona, o pensar directamente el pensamiento de otros, y

también creen que otra persona puede sentir sus sensaciones corporales o pensar realmente sus pensamientos.

Mi cuerpo, según lo experimento, no es sólo algo compartido o público; es igualmente un conjunto de acontecimientos privados, a saber, el cuerpo-para-mí. El cuerpo-para-sí-mismo aparece en los sueños, en la imaginación y en la memoria. En cualquiera de estas modalidades, puede experimentárselo como vivo o muerto, real o irreal, entero o en partes. Desde el punto de vista de la conciencia reflexiva tenida por sana, el cuerpo-para-mí de cada uno es esencialmente una experiencia privada y el cuerpo-para-mí del otro, algo esencialmente inaccesible. No obstante, en la fantasía esto no ocurre forzosamente así. La ausencia de una validación por consenso, en cuanto recurso de arbitraje sobre este asunto, facilita tal vez su usurpación por parte de la fantasía no reconocida como tal.

Puesto que cada individuo experimenta en una forma que le es peculiar los acontecimientos, por públicos que puedan ser, podemos decir, consiguientemente, que la experiencia incluso de los acontecimientos públicos es "privada" en un sentido restringido. Pero tengo la impresión de que la mayoría de nosotros piensa que hay un sector de la experiencia que es privado en un sentido irrestricto. A este sector de privacía irrestricta es al que se refiere Gerard Manley Hopkins con las siguientes palabras:

... mi ser YO, mi conciencia y sensación de mí, ese gusto de mí mismo, de yo y de mí sobre y en todas las cosas, el cual es más característico que el sabor de la cerveza o del alumbre, más característico que el olor de las hojas del nogal o del alcanfor, y es incomunicable a otro a través de cualquier medio.

Mi ser YO, mi conciencia y sensación de mí, ese gusto de mí mismo, de yo y de mí sobre y en todas las cosas, incluye mi gusto de ti. Yo gusto de ti y tú gustas de mí. Yo soy tu gusto y tú eres el mío, pero yo no siento tu gusto de mí en tu oído. No se puede ser todo y tener todo al mismo tiempo.

Es difícil comprender el ser-sí-mismo del otro. No es posible experimentarlo directamente. Hay que confiar en los actos y testimonios del otro para inferir cómo es que se experimenta a sí mismo. El psiquiatra penetra de inmediato en este terreno cuando escucha el testimonio de sus pacientes. ¿Mediante qué señal los cambios en la manera en que un hombre experimenta su ser-sí-mismo, su ser-para-sí, determinan su propia definición de él mismo como "física" o "psicológicamente" "enfermo", y qué hace decidir a una persona que el ser-sí-mismo, el ser-para-sí del otro, está enfermo?» (R. D. Laing).

## Atención-observación

Somos dentro de nosotros mismos seres muy complejos, y la mente como realidad que emerge del cuerpo, que se hace en interacción con el medio que le rodea, y que se «fecunda» en su interior a sí misma, es la más compleja de todas. Alguien es su propio Yo, pero no solamente es eso sino también es otras muchas otras cosas a la vez.

La naturaleza de la mente tiene un enfoque atencional, pero ese enfoque se produce para lograr la menor dispersión posible de la energía mental y producir el mayor rendimiento de la conciencia.

La mente tiene propiedades para el disfrute y desarrollo de la conciencia. Una de esas propiedades es el «enfoque atencional», por el cual las cosas de la mente salen de la penumbra y se iluminan, y se entienden, se manejan y se recogen en forma de aprendizaje, de memoria, de experiencia...

Para la mayoría de las persona el «enfoque atencional» es algo que se educa desde pequeños, y tanto es objeto de instrucción en el medio familiar como en el mundo escolar. El niño tiene que ir aprendiendo a focalizar su atención para producir un aprendizaje más eficaz que le permita un mayor rendimiento. A esto se le ha llamado educar la atención-concentración.

Hay niño que no lograr focalizar su atención y los vemos que tienen muchos intereses diversos. Algunos de ellos los calificamos de muy dispersos.

Es curioso observar que hay niños cognitivamente muy inteligentes que poseen un nivel atencional múltiple. Están en una cosa, y a la vez en cien sitios más. Es verdad que los hay que no pueden tener una conciencia plena y no logran el mayor aprovechamiento posible de la virtud que entraña para la mente un buen estado de «atención-concentración», y se produce la dispersión, y se entra en un proceso de fracaso en los aprendizajes. Pero también existen niños que «pueden con todo», y sus padres dicen: «Parecía que no se estaba enterando de nada y lo capta todo». La atención dirigida es fuente de experiencia y aprendizaje para la mente y resulta fundamental para iluminar las cosas en la conciencia.

Si un niño atiende en la escuela a otras cosas que no sea aprender, no significa que no tenga capacidad de atención sino que está interesado en otros asuntos de la realidad. Por eso el tema de la dispersión es algo muy relativo. Si el niño está más interesado en el mundo de su afectividad que en el del conocimiento, es lógico que falle en el mundo del conocimiento. A la mente le irá, de una u otra forma, en función de la motivación y el interés que tenga en cada instante para cada asunto de la vida. Nuestra atención se educa para enfocarla y dirigirla fundamentalmente al mundo externo. Así que la mente se condiciona a obtener su propio «alimento» fuera de ella.

Por el conocimiento oriental sabemos que esa atención puede ser dirigida hacia adentro, de tal modo que ese foque introyectivo es, como lo es hacia fuera, productivo para la mente. No solamente se adquiere conocimiento de la propia mente sino que al llegar muchos elementos de la psique al mundo de la «luz», la conciencia, nuestra mente se organiza y de alguna manera adquiere más sapiencia de sí misma.

En nuestro mundo occidental, toda educación está dirigida hacia las cosas externas a la propia mente, y la mente queda excluida de ser educada en sí misma. Esto es, por supuesto, una generalidad, y resulta curioso observar cómo los sistemas educativos, en la actualidad, tienden a educar las emociones de los niños, y desde muy pequeños se les enseña a distinguir estados emocionales básicos, y aprenden a diferenciar que una cosa es sentirse tristes y otra cosa es identificar la tristeza y por qué sucede esto (la alegría, el enfado, la ira...).

La sabiduría oriental, desde hace miles de años, ha tratado de que el ser humano focalice su capacidad de atención hacia el mundo de dentro, y le ha posibilitado tener un conocimiento que poco a poco, en Oriente, vamos sabiendo lo que implica por su envergadura.

Focalizar la atención para conocer la mente es una de las técnicas más básicas que se utilizan para conocimiento e iluminación interior.

Ya tenemos, al menos, tres posibilidades de conocernos mejor en nuestro interior para poner «luz» en la oscuridad ingente de nuestro mundo inconsciente.

1: La observación de lo que en cada momento (aquí y ahora) sucede en nuestro interior.

2: Distanciarnos de lo que está aconteciendo en nuestro interior en base a ser «objetivos» al evitar el «apego»

3: Focalizar toda nuestra energía, y nuestra atención, en llevar a cabo tanto el proceso de mantener la capacidad de observar como en producir el «desapego».

Por algo se empieza; mejor dicho, ese algo es muy difícil de llevarlo a buen puerto si no somos guiados mediante procedimientos oportunos que nos ayuden a sacar provecho de esta metodología del autoconocimiento. En este sentido, los niños occidentales no son educados para focalizar su atención hacia adentro sino hacia la realidad de fuera; o lo sumo, se educa lo interior en función de lo externo.

No sé cómo será en los países orientales de donde procede esta metodología del autoconocimiento, pero lo que sí está muy claro que, al no ser educados en ella, nos vemos inmersos en el mundo de las depresiones, del estrés, de la ansiedad, la angustia..., y no sabemos cómo salir; y es porque nuestra mente está focalizada hacia el mundo de fuera, y cuando el mundo de dentro se desorganiza nos desequilibramos y sufrimos todo tiempo de problemas tanto de salud física como mental.

* * *

*(La mente es una diosa superior a todo cerebro, y eso no quiere decir que, en su basto territorio, sea todo paraíso, sino que en ese hábitat hay alegría y sufrimiento, miedo y valentía, lágrimas y sonrisas, todo cuanto en el hombre existe fuera y dentro de él. Y nada puede ser realidad fuera de ella si antes no «habitó» en el vasto territorio de la mente.)*

* * *

«La mente tiene numerosos aspectos, pero hay dos que destacan. El primero es la mente ordinaria, la que los tibetanos llaman sem. Un maestro la define así: "Aquello que posee conciencia diferenciadora, aquello que posee un sentido de la dualidad, es decir, que aferra o rechaza algo externo, eso es la mente. Fundamentalmente, es aquello que podemos asociar con un 'otro', con cualquier 'algo' que se percibe como distinto del perceptor" Sem es la mente dualista, discursiva y pensante, que sólo puede funcionar en relación con un punto de referencia exterior proyectado y falsamente percibido. Así pues, sem es la mente que piensa, hace planes, desea y manipula, que monta en cólera, que crea oleadas de emociones y pensamientos negativos por los que se deja llevar, que debe seguir siempre proclamando, corroborando y confirmando su "existencia" mediante la fragmentación, conceptuación y solidificación de la experiencia. La mente ordinaria es la presa incesantemente cambiante e incambiable de las influencias exteriores, las tendencias habituales y el condicionamiento: los maestros comparan a sem con la llama de una vela en un portal abierto, vulnerable a todos los vientos de la circunstancia.

Desde cierto punto de vista, sem es parpadeante, inestable y ávida, siempre entremetida en asuntos ajenos; su energía se consume en la proyección hacia fuera. A veces me la imagino como un frijol saltador mexicano o como un mono encaramado a un árbol que brinca

incansable de rama en rama. Sin embargo, vista desde otro ángulo, la mente ordinaria posee una estabilidad falsa y desanimada, una inercia autoprotectora y pagada de sí, una calma pétrea hecha de hábitos arraigados. Sem es tan taimada como un político corrompido, escéptica y desconfiada, ducha en astucias y trapacerías, "ingeniosa en los juegos del engaño", como escribiera Jamyang Khyentse. Es, dentro de la experiencia de esta sem caótica, confusa, indisciplinada y repetitiva, esta mente ordinaria, donde una y otra vez sufrimos el cambio y la muerte.» (Sogyal Rimpoché).

* * *

Antes que Freud divulgara su idea de la existencia del inconsciente ya se había publicado mucho antes (años) en Europa ese mismo concepto que está en la base de la filosofía de Schopenhaeur, que a su vez procede de Oriente, y que allí se desarrolló hace miles de años y que pervive en la actualidad con sus aspectos diferenciales y propios.

El hombre sabemos que no es tan «estúpido» como para no avanzar en la experiencia sobre algo que pervive durante tantos años. Así que suponemos que este saber encierra a su vez un gran poder que el hombre usa para su propio provecho. Lógicamente, en esas latitudes, el conocimiento de la mente tiene que ser muy superior al de nuestra cultura sobre las cosas de la mente, ya que en eso somos ¡tan novatos!; y seguramente será altamente productivo cuando converja con el conocimiento y la metodología que en Occidente tenemos de estas cosas, cuya base en muchos casos venga siempre de allí, de una u otra manera.

A veces imagino que el hombre realmente posee una conciencia colectiva más universal de lo que podamos soñar, pero que por ahora ponemos una pobre luz que emana del faro que nuestra atención y conciencia proyectan sobre las cosas.

¿Qué tiene, a grosso modo, la conciencia humana? ¿Cuáles son a grandes rasgos sus contenidos más importantes?

— La percepción.
— El deseo.
— La voluntad.
— La conducta...

* * *

«La vida es una combinación del cuerpo, los órganos de percepción y acción, la mente, el intelecto, el ego y el alma. La mente actúa de puente entre el cuerpo y el alma. La mente es imperceptible e intangible. El sí-mismo colma sus aspiraciones y sus placeres a través de la mente, que actúa como un espejo, y del cuerpo, que le sirve como instrumento de disfrute y realización.» (B. K. S. Iyengar).

* * *

La conciencia no es una propiedad exclusiva del hombre, y si emerge, con el desarrollo filogenético, en la evolución centralizada del cerebro humano, ésta tiene que ver con el nacimiento de la sensibilidad. La sensibilidad produce un nivel de conciencia en los animales inferiores y va gradualmente haciéndose cada vez más y más compleja, hasta llegar a niveles inimaginablemente complicados en los seres superiores, y volviéndose cada vez más y más compleja en el proceso de humanización.

Son muchos los autores que creen que con el nacimiento del Yo nace también la conciencia humana. «La separación entre el sujeto y el objeto es punto de partida de la conciencia humana», pero ese Yo ha ido también evolucionando lentamente a través del tiempo.

En el psicoanálisis ese Yo resultó ser un factor importante dentro de la organización mental del hombre como regulador esencial de su vida psíquica.

Para la idea oriental ese Yo es fuente de una gran «lucha» interior para diluirlo, en el sentido que para conocer la mente y evitar el sufrimiento deberíamos su esencia en la nada. El Yo es lo que frena el proceso integrador del hombre en las positivas esferas de un potente desarrollo espiritual. En el Yo se deposita el deseo y el apego a las cosas. El Yo freudiano es un Yo que se asienta en la realidad de la vida y modera todos lo impulsos.

Existe una identidad en el centro de la mente que es el Atma, (alma) cuya naturaleza es el objetivo de toda reflexión hacia adentro, y hacia el que se busca multitud de caminos interiores para encontrarlo como la auténtica identidad del hombre, su verdadero Yo. Ahí es donde se encuentra el ser humano con esa otra realidad que es el Espíritu.

Todas las cosas vuelan hacia ese punto, y todas las cosas de la mente convergen para generar una esencia que se cree, por la fe, que trasciende la propia vida. Éste es el sentido espiritual general de la creencia oriental con relación a la esencia natural humana. El hombre se encontraría realmente consigo mismo no fuera de sí sino dentro de sí mismo, pero la mente que desea esa fusión con el alma y el espíritu encontraría en la vida de su propia realidad mental, corporal y social un camino que le permitiría evolucionar hacia estados de conciencias superiores a través de la disciplina y la «doma» de todo deseo.

* * *

«Todo esto son caminos para llegar siempre al mismo resultado: descubrir y centrarse en esa realidad profunda, en lo que soy realmente. No en lo que tengo, sino en lo que soy; no en lo que me sirve de medio para expresarme, como es mi sentimiento, mi mente y mi cuerpo, sino en lo que soy por mí mismo, en mí mismo, lo que es mi propia identidad, lo que es idéntico, lo que no cambia, lo que hace que yo sea yo. Esa realidad profunda y última, que en la India se llama Atma, tiene los atributos esenciales que allí se denominan Sat-Chit-Ananda. Sat quiere decir existencia

real, total, absoluta. Y Ananda quiere decir felicidad, amor, plenitud real, eterna, absoluta.

Dicen que Atma y Brahma son la misma cosa, que la identidad última del hombre es la misma de la identidad última de todo cuanto existe, que nuestro espíritu es una sola cosa con el Absoluto, no la persona sino el espíritu. Por tanto, llegar a esa realización representa llegar al término de nuestra evolución, llegar a una plenitud total, definitiva. Es volver al hogar de donde salimos, a la fuente de donde hemos tenido la ilusión de haber salido. Porque todo nuestro problema consiste en creer que somos este cuerpo, que somos nuestros deseos, que somos esas ideas, cuando todo esto no son más que ilusiones. Lo que realmente somos en nuestra profundidad es, precisamente, Sat-Chit-Ananda.

Todo el yoga no es nada más que un medio para pasar de nuestra conciencia de limitación, de nuestra conciencia errónea, a la conciencia de realidad, la conciencia central, la conciencia de lo que es en sí.» (Antonio Blay).

El Yo freudiano es un estado de la mente que vale para regular nuestra vida con el medio que nos rodea y con la vida interior, asentándonos en una conciencia de adaptación a la realidad. Esa conciencia, o fuerza, que tiende al principio de la realidad cuando pierde el control lleva a las personas a enfermar bajo el signo de la neurosis o de la psicosis. Pero la otra forma de diluir a ese Yo es encontrando el auténtico alma del hombre (su Atma) e identificando toda la existencia a valores superiores, ya de índole espiritual.

Pero en este punto verdaderamente uno llega a perderse si no fuera porque muchas personas sabias y santas han logrado experiencias de comunión con una realidad de ámbito espiritual.

El espíritu, pues, tiene aquí una posibilidad de nacimiento y proyección, de desarrollo, verdaderamente superior. Pero si con el cerebro nos quedamos llenos de incógnitas, y con la mente podemos jugar a tratar de entender las cosas que se evidencian en nuestras vidas diarias, el tratar de elaborar una teoría sobre la realidad de un posible espíritu que trasciende incluso la existencia física del hombre es una empresa ya casi imposible. Sin embargo, podemos reflexionar en claves de ver las cosas que nos dicen gente sabia y de espíritu superior.

## Espíritu

No es fácil adentrarse en un terreno que pertenece fundamentalmente al campo de la fe y la teología, y esta última con sus múltiples enfoques de carácter científico, sin que este capítulo tenga visos de meterse en territorios que no le corresponden.

Que el hombre tiene en su mente el sentimiento de la espiritualidad es algo que le viene desde que sabemos que los metafenómenos emergieron con su cerebro y se produjo el proceso de sociogénesis (que incluye lo anterior a la «historia» y la «historia») que vivió a lo largo de su propia historia. Las propias culturas se cimentan alrededor del sentimiento religioso y de enfoques espirituales (aunque haya sido catastrófico en muchos casos para la propia humanidad).

Tampoco se trata de desenterrar debates filosóficos en muchos casos muy exógenos al hombre, sino de reflexionar sobre el hecho de que en la naturaleza humana aparece el componente espiritual como un factor con un impulso, una necesidad y una fuerza de enorme envergadura.

¿Es porque el hombre tiene tanta sed de justicia por lo que no se percibe nunca malo aunque sea un asesino?

¿Es porque el hombre prevé su muerte y ve la posibilidad de que una sustancia espiritual perviva más allá como una salida honrosa a su destino fatal?

¿Es porque el hombre realmente posee espíritu por lo que es espiritual?

El enfoque que aquí se plantea no es el de determinar estas cuestiones, pues sería muy pretencioso tratar semejante tema en unas pocas líneas. Sin embargo, la última cuestión, al hilo de ese proceso que venimos desarrollando aquí: cerebro-mente-alma(psique)-espíritu, si se puede entender que, aunque el espíritu no se ha captado su existencia por ningún sistema que podamos considerar fiable y científicamente, podemos hacer consideraciones únicamente en orden a entender que pudiera existir una sustancia que podemos denominar espíritu.

Lo que podemos asegurar es que el hombre tiende a la espiritualidad, y gran parte del orden que la humanidad organiza gira alrededor del ello. La espiritualidad del hombre tiene un sentido realmente amplio y no es uniforme. Ken Wilber se plantea si es legítimo hablar de estadios del desarrollo espiritual, y escribe:

* * *

«El hecho de si la espiritualidad se despliega a través de estadios resulta una cuestión ciertamente delicada. En mi opinión, todo depende del modo en que definamos el término "espiritualidad". Existen no menos de cinco definiciones diferentes —todas ellas perfectamente legítimas— sólo dos de las cuales parecen implicar la noción de estadios. Yo creo que se trata de cinco aspectos muy importantes del fenómeno al que denominamos "espiritualidad" merecedores, por tanto, de ser incluidos en cualquier modelo integral, aunque, en cualquier caso, deberemos especificar claramente a cuál nos estamos refiriendo.

Veamos ahora las definiciones más habituales del término "espiritualidad": 1) la espiritualidad se refiere a los niveles más elevados de cualquiera de las líneas evolutivas; 2) la espiritualidad es la suma total de los niveles más elevados de las distintas líneas evolutivas; 3) la espiritualidad es, en sí misma, una línea del desarrollo separada de las demás; 4) la espiritualidad es una actitud (una especie de apertura o amor) que puede hallarse presente en cualquiera de los estadios, y 5) la espiritualidad no se refiere tanto a estadios como a experiencias cumbre.»

* * *

Este enfoque resulta interesante en cuanto esa es la forma en que la espiritualidad es considerada como:

— El nivel más alto de evolución.
— Donde se alcanzan los sentimientos más elevados (solidaridad, amor...).
— Donde se aspira a la moralidad más elevada.

Es como si la espiritualidad humana tratara de aspirar a una vida donde la base de existencia estuviera regida por las emociones, los sentimientos y los afectos más nobles y positivos que posee el ser humano desde su situación como individuo mental y cerebral.

También aquí se produce un destierro, o un intento de control, como sucede con la lucha que los espíritus mantienen en el seno de todas las cosas, entre el Bien y el Mal, y donde siempre vence el Bien sobre el Mal; refleja también esa lucha básica que encaran las emociones positivas contra las negativas, los sentimientos buenos contra los malos, y que en el orden mental establecen estructuras psicológicas de la personalidad que llevan al hombre hacia la conducta, también sobre la base del Bien o del Mal. La espiritualidad siempre va a reflejar esa lucha, que es el mismo combate que Dios estableció contra Satán (el ángel caído).

La espiritualidad humana habla de la naturaleza bipolar del hombre, y es posible que simplemente sea una forma gigantesca de simbolización y sublimación de su propia naturaleza profunda, y que encarne el impulso básico de la conducta moral para tratar de poner orden en la vida social de los hombres, pero que en muchos casos lo que provoca es el desorden y el enfrentamiento.

## La espiritualidad como camino de evolución y maduración personal

Sabemos que existe espiritualidad sin necesidad de que exista la idea de un Dios, y se trata nada más y nada menos que de seguir un camino donde el hombre se va madurando a sí mismo y encontrándose en sí mismo desde la base del autoconocimiento, del moldeamiento y superación de los aspectos negativos para llegar a un Yo identificado con el estado del alma superior y desarrollada.

La espiritualidad en cualquier caso siempre va a suponer para el hombre un acto de superación personal sobre sus tendencias negativas, tanto en el orden mental como en su conducta, y tiende a regular la vida personal y muchas veces social (religiones) para lograr el objetivo de hacerle trascender hacia el estadio ideal del hombre como bondad. Dios se hace en las regiones modelo de conducta, fuente inagotable de la bondad a la que aspira el hombre.

Estamos en el plano de: moralidad-espiritualidad-religiosidad...

El hombre tiene una enorme sed de justicia, queda eclipsado por la bondad, identifica todo lo superior con el contenido espiritual, y lo vive siempre como un camino de evolución; pero no ya en el plano material, sino en el plano de lo espiritual, se propone caminar hacia la bondad, hacerse bueno, porque se ve en su propia naturaleza lleno de injusticia, lleno de contradicciones, de defectos.

El hombre anhela trascender más allá de lo que es, por eso nadie puede soportar sentirse malo durante mucho tiempo. Se ve con muchos defectos que superar, y muchas veces malo y culpable. El hombre es un ser con buenas intenciones que se debate entre sus virtudes y sus defectos.

A veces el camino espiritual se transforma en camino de contradicciones, de lucha salvaje entre una parte positiva y otra negativa, y malentendiendo todo tipo de mensajes en el hombre se destapa una especie de locura que en el nombre de lo «bueno» desarrolla los instintos básicos más desastrosos y aterradores. Pero eso sucede cuando el hombre en su búsqueda de la bondad se vuelve literalmente alienado y loco.

Sin embargo, la espiritualidad marca códigos de conducta exterior e interior que tiende a generar armonía interior y no establece básicamente esa lucha a muerte contra el mal. Hay que buscar hacer convivir las propias tendencias naturales con el establecimiento de un camino para alcanzar la bondad a través de deshacer las tendencias negativas.

La espiritualidad, pues, es el deseo profundo del hombre por alcanzar un estadio superior de conciencia, un estadio superior en todo lo que son sus estados mentales; trata de llegar a una naturaleza definitivamente «separada» de la animalidad, en cuanto ésta representa sentirse sustraído a una parte de negatividad. Aspira a crear en el hombre una conciencia de armonía positiva.

El camino de la espiritualidad se ve así como una meta a la que aspira el hombre para realizarse plenamente y entraña sacrificios, negación, disciplina, orden, moralidad, pero también goce, esperanza, alegría... Siempre ha sido así en cualquier sistema de espiritualidad.

Swami Sri Yukteswar, un sabio, de una gran espiritualidad, indio, que vivió entre el siglo XIX y principios del XX, creyó, desde la India, en la espiritualidad universal del hombre, y actuó seguido por la idea de que el hombre sintiese en su interior un solo espíritu por encima de cualquier credo, como si el destino del hombre fuese único y superior sobre muchos caminos, pero en un único fin que estaba en la idea de Dios. Escribió, Swami Sri Yukteswar:

SUTRA 1

Parambrahma (el Epíritu o Dios) es eterno, completo, sin principio ni fin. Es el Ser único e indivisible.)

El Padre Eterno, Dios, Swami Parambrahma, es la única Sustancia Real, Sat; es el todo en todo el universo.

Por qué no es posible comprender a Dios.

El ser humano cuenta con una fe eterna que le permite creer intuitivamente en la existencia de una Sustancia, algunas de cuyas propiedades son las partes de este mundo visible que perciben los sentidos del oído, el tacto, la vista, el gusto y el olfato. En la medida en que el hombre se identifica con su cuerpo físico, compuesto de las propiedades recién mencïonadas, sólo le es posible comprender —a través de estos órganos imperfectos—, dichas propiedades y no así la Sustancia de la que forman parte. Es por ello que, a menos que se divinice, elevando su ser por sobre la creación de la Oscuridad o Maya, le es imposible al hombre de este mundo material comprender al Padre Eterno, Dios, la única Sustaricia del Universo.

Ver Hebreos 11:1 y San Juan 8:28.

> «Es, pues, la fe la certeza de lo que se espera, la convicción de lo que no se ve.»
>
> «Les dijo, pues, Jesús: "Cuando hayáis levantado al Hijo del hombre, entonces conoceréis que yo soy."» («La Ciencia Sagrada»).

* * *

Le preguntaron a Dios: ¿Quién eres?, y Dios le dijo a Moisés:

—Soy el que Soy...

En realidad, Cristo representó también la marcación de una huella indeleble para la humanidad; cuando hablaba del hombre nuevo, seguramente se refería a ese hombre que se eleva por encima de todas sus contradicciones para hacerse al mismo tiempo profundamente humano en su conducta, en la moralidad de su comportamiento. El hombre nuevo se eleva sobre las cosas haciendo que sus vidas se transformen en modelos de una catadura moral inimaginable superior... Como si se elevara sobre sus propias cenizas, el hombre dejaría de serlo tal como lo conocemos hoy. La espiritualidad pretende crear ese hombre con una naturaleza nueva, una identidad absolutamente renovada en el polo del ideal de bondad.

Sea cual sea la naturaleza del Maestro Jesús, su doctrina básica no tiene el más mínimo desperdicio cuando se trata de la transformación hacia el hombre nuevo. Seguramente si los códigos morales y de conducta que enseña el Maestro presidieran en alguna medida nuestro ámbito de vida cotidiana, pero de verdad, sin interpretaciones, nuestra realidad social sería otra, nuestro nivel de civilización estaría ya globalizado bajo el signo de la civilización más brillante en todos los órdenes, tanto en lo material como en lo espiritual y humano. Este planeta sería irreconocible en su grado de evolución.

Sin embargo, pese a que el camino de la espiritualidad tiene ya miles de años, y que muchos sabios y santos nos han indicado códigos altamente civilizadores, la humanidad se debate espiritualmente en un estadio muy primitivo y oscuro.

La humanidad va lentamente transformándose, quizá ahora su evolución no esté ya tanto sobre el carril del cerebro sino sobre las vías del desarrollo del alma (psique) —mente— y la espiritualidad, aunque tenga sustancia, o no (muy probablemente sí la tenga), esté en su base promoviendo una transformación inaudita; así lo han indicado los más elevados seres en cuanto a la moralidad, la bondad y la santidad, ¿por qué no íbamos a creerlo?, pero, claro, bajo el signo del desarrollo global y la liberación del hombre, no bajo el fanatismo y la imposición, que nada tiene que ver con la espiritualidad sino más bien con la animalidad.

* * *

«La cuestión fundamental es la siguiente: para llegar a abrazar la evolución cultural y la morfogénesis como principio explicativo de la historia humana, será necesario superar las objeciones profundas por las cuales ha sido rechazada por los teóricos sociales tradicionalistas, románticos y liberales. ¿Cómo podemos, dicho en otras palabras, explicarnos Auschwitz, si creemos que la evolución está operando también en el ser humano? ¿Acaso estamos diciendo que algunas producciones culturales son más evolucionadas que otras? Y, en tal caso, ¿de qué criterios podemos servirnos para establecer ese tipo de juicios de valor? ¿No es ésa una pretensión demasiado arrogante?

Los tradicionalistas y los filósofos perennes de hoy en día, por ejemplo, no pueden creer en la evolución cultural a causa de horrores modernos como Auschwitz, Hiroshima y Chernobyl. ¿Cómo podemos decir que la evolución esté operando en el ámbito de los seres humanos cuando produce tales monstruos? Mejor será negar la evolución que vernos obligados a explicar estas obscenidades.

Los críticos románticos de la evolución, por su parte, parecen responder con una especie de simpatía universal hacia la época anterior a los desastres que aquejan a la humanidad de hoy en día, como si el ser humano del pasado, en términos generales, fuera completamente ajeno a los desastres que han asolado a la modernidad (como la contaminación industrial, la esclavitud y las luchas por la propiedad). Desde su perspectiva es como si nos estuviéramos deslizando cuesta abajo. ¿No habrá llegado ya el momento de regresar a la naturaleza, de volver al buen salvaje y encontrar, así, un yo más verdadero, una comunidad más justa y una vida más rica?

Los teóricos sociales liberales, por último, también tienen sus razones para retroceder horrorizados ante la noción de evolución cultural, puesto que sus formas más crudas —entre las que destaca el darwinismo social— parecen desconocer lo que es la compasión. Y mucho más siniestro todavía resulta el hecho de que ese tipo de "evolucionismo", en manos de auténticos tiranos morales, ha creado las nociones de superhombre, raza superior y semidioses que han impreso su ideología en las cámaras de gas y han dejado la impronta de sus creencias grabada en la carne torturada de millones de seres humanos. No es de extrañar, pues, que los teóricos sociales liberales retrocedan horrorizados cada vez que oyen hablar de cualquier tipo de "jerarquía social" como si estuvieran en la antesala de Auschwitz.

Es evidente que si queremos utilizar la noción de evolución cultural como principio explicativo, deberemos superar antes ciertas dificultades. Porque necesitamos, en suma, un conjunto de principios que pueda explicar tanto los avances como la regresiones, tanto las buenas como las malas noticias, tanto las ventajas como los inconvenientes del impulso evolutivo que opera en los seres humanos, igual que lo hace en el resto del cosmos. De otro modo, nos veremos obligados a admitir la insólita situación de escindir el cosmos y creer que la evolución sólo afecta a lo que no es humano.» (Ken Wilber, *Una visión integral de la psicología*).

* * *

«Pero a vosotros que me escucháis os digo: amad a vuestros enemigos, haced el bien a los que os odian, bendecid a los que os maldicen, orad por los que os calumnian. Al que te hiera en una mejilla, ofrécele también la otra; y a quien te quite el manto, no le niegues la túnica. Da a quien te pida, y a quien te quita lo tuyo no se lo reclames.

Tratad a los demás como queréis que ellos os traten a vosotros. Si amáis a los que os aman, ¿qué mérito tenéis? También los pecadores aman a quienes los aman. Si hacéis el bien a quien os lo hace a vosotros, ¿qué mérito tenéis? También los pecadores hacen lo mismo. Y si prestáis a aquellos de quienes esperáis recibir, ¿qué mérito tenéis? También los pecadores se prestan entre ellos para recibir lo equivalente. Vosotros amad a vuestros enemigos, haced bien y prestad sin esperar nada a cambio; así vuestra recompensa será grande, y seréis hijos del Altísimo. Porque él es bueno para los ingratos y malos. Sed misericordiosos como vuestro Padre es misericordioso.»

# Índice